Isän tunteminen

Hengen miekka -kirjasarja:

1 *Toimiva rukous*
2 *Hengen tunteminen*
3 *Jumalan hallintavalta*
4 *Elävä usko*
5 *Jumalan kirkkaus seurakunnassa*
6 *Palveleminen Hengessä*
7 *Isän tunteminen*
8 *Kadotettujen tavoittaminen*
9 *Jumalan tunteminen*
10 *Pojan tunteminen*
11 *Pelastus armosta*
12 *Palvonta Hengessä ja totuudessa*

www.swordofthespirit.co.uk

Copyright © 2017 Colin Dye
ISBN: 978-1-912296-12-5

Ensimmäinen painos
Kensington Temple
KT Summit House
100 Hanger Lane
London, W5 1EZ

Kaikki oikeudet pidätetään. Tämän julkaisun tai sen osan jäljentäminen tai tallentaminen ilman tekijän kirjallista lupaa painamalla, monistamalla, äänittämällä, sähköisesti tai muulla tavoin on tekijänoikeuslain mukaisesti kielletty.

Raamatun lainaukset ovat vuoden 1992 käännöksestä, ellei toisin mainittu.

Suomennos: Christina Kotisaari
Taitto: Marko Joensuu
Kansi: Yewhung Chin

Hengen miekka

Isän tunteminen

Colin Dye

Sisällysluettelo

Johdanto		7
1	Kuka Jumala on?	11
2	Jumalan nimi	29
3	Jumalan isyys	53
4	Isä ja Poika	73
5	Isä ja Henki	87
6	Isä ja risti	101
7	Isän tahto	115
8	Isä ja rukous	131
9	Meidän Isämme	145

Johdanto

En usko maailmassa olevan montaakaan kristittyä, joka ei tiedä, että Jumala on kolme persoonaa – Isä, Poika ja Henki. Kaikki kristityt eivät välttämättä ymmärrä Jumalan kolmiyhteisen luonnon merkitystä tai Kolminaisuuden koko raamatullista perustaa, mutta suurimmalle osalle heistä on kuitenkin opetettu, että heidän elävä Jumalansa on jollakin tavalla "kolme yhdessä".

Olen myös melko varma siitä, että kaikki uskovat missä päin maailmaa tahansa osaavat edes jollakin tavalla kuvailla Jumalan toista persoonaa – Poikaa. He tietävät, millainen hän on ja mitä hän on tehnyt heidän edestään: he kykenevät kertomaan hänestä melko virheettömästi kenelle tahansa asiaan perehtymättömälle henkilölle.

Viimeisten neljänkymmenen vuoden aikana on myös laajasti herätty uudelleen huomioimaan Jumalan kolmatta persoonaa. Jokaisessa kristillisessä traditiossa uskovat ovat alkaneet yhä enenevissä määrin ymmärtää ja kokea Pyhän Hengen erityistä persoonaa ja toimintaa. Monille voi kyllä tuottaa vaikeuksia kuvailla häntä, mutta suurin osa tietää, mitä hän tekee.

Jumalan ensimmäisen persoonan kohdalla asia on kuitenkin hyvinkin toisin. Useimmat nykypäivän uskovat tuntuvat sekoittavan kolmiyhteisen Jumalan hänen ensimmäiseen persoonaansa. He tietävät Jumalan olevan Isä, mutta heidän tuntuu olevan vaikea erottaa toisistaan kaikkivaltiaan Jumalan yleinen isyys ja Isä Jumalan erityinen luonto ja toiminta. Tämän vuoksi Isä Jumalasta onkin monilta osin tullut Kolminaisuuden sivuutetuin jäsen.

Isän tunteminen

Tapana on sanoa, että evankelikalismi on Jeesus-liike, helluntailaisuus on Hengen liike ja ortodoksisuus on Isä-liike. Näin ei kuitenkaan pitäisi olla, sillä Jumala on tarkoittanut, että *aivan jokainen* seurakunnan suuntaus olisi täynnä Isään keskittyneitä uskovia.

Se että me voisimme tuntea Isän on kaiken sen tarkoitus, mitä Poika on tehnyt ja mitä hän yhä edelleen tekee. Ja Pyhän Hengen kaiken toiminnan tarkoitus taas on tehdä meille mahdolliseksi elää Isän läsnäolossa ja läheisessä yhteydessä Isän kanssa. Surullinen tosiasia on, että jos emme tunne Isää – emmekä tiedä, mitä tarkoittaa olla Isän lapsi hänen maailmassaan – Poika on kuollut turhaan.

Tämä kirja on tarkoitettu uskoville, jotka ovat valmiit laittamaan syrjään omat käsityksensä Jumalasta ja opiskelemaan Jumalan Sanaa saadakseen Jumalalta ilmestyksen siitä, kuka hän todella on. Meidän täytyy ottaa selville, mitä Raamattu opettaa Jumalan yleisestä isyydestä ja – erityisesti – mitä se paljastaa Jumalan ensimmäisestä persoonasta, Isästä.

Oppimisen tueksi on myös olemassa oheismateriaalia, jonka löydät vastaavasta *Sword of the Spirit Student's Handbook* -käsikirjasta sekä nettisivulta *www. swordofthespirit.co.uk* (englanninkielisenä, suom. huom.). Käsikirjassa on täydentävää opetusta tämän kirjan jokaisesta luvusta sekä *keskustelunaiheita* ja *tietovisoja*. Kun rekisteröidyt nettisivulle, saat käyttöösi lisää tietovisoja ja kokeita. Nettisivulta löydät myös tämän kirjan tekstin, jossa on linkit kaikkiin tekstissä esiintyviin Raamatun jakeisiin, sekä ääni- ja videotiedostoja. Nämä lisämateriaalit auttavat sinua kertaamaan, painamaan mieleesi ja soveltamaan tässä kirjassa oppimiasi asioita.

Voit myös käyttää *Student's Handbook* -käsikirjaa pienryhmissä. Valitse rukoillen ne osiot, joiden uskot parhaiten soveltuvan omalle ryhmällesi. Joissakin tapaamisissa voitte siis käyttää kaikkea käsikirjan materiaalia ja toisissa vain osia siitä. Käytäthän maalaisjärkeäsi ja hengellistä näkökykyäsi. Voit

Johdanto

myös vapaasti kopioida sen sivuja ja jakaa niitä johtamillesi ryhmille.

Rukoukseni on, että päästyäsi tämän kirjan loppuun ymmärtäisit paremmin kolmiyhteisen Jumalan nimeä ja luontoa, olisit alkanut tuntea Jumalan ensimmäistä persoonaa paljon syvemmin ja olisit alkanut elää siinä ihmeellisessä vapaudessa, joka kuuluu "Abban", armollisen taivaallisen Isämme, pojille ja tyttärille.

Colin Dye

Osa 1

Kuka Jumala on?

Raamattu ei koskaan pyri todistamaan, että Jumala on olemassa – se ainoastaan vahvistaa hänen olemassaolonsa olevan itsestään selvä tosiasia ja selittää sitä totuutta, että hän todellakin on olemassa. Raamatussa selvitetään aina, *kuka* hän on, ei koskaan *miksi* tai *kuinka* hän on.

Raamatussa todetaan Psalmin 14:1 kaltaisissa kohdissa, että on ihmisiä, jotka kieltävät Jumalan olemassaolon, mutta tällaisten ihmisten uskomukset sivuutetaan "mielettömyytenä" tai "hulluutena (v. 1933 käännös). Raamatussa siis hyvin vahvasti ilmaistaan, että Jumalaa koskeva totuus on niin ilmeinen, että vain typerys torjuisi sen.

Suuri osa nykyaikaista ajattelua pohjautuu kuitenkin tällaiselle "mielettömyydelle", ja se kuvastaakin hyvin aikaamme. Meidän on kuitenkin syytä tunnistaa, että nykyaikaiset uskomukset kuten "ateismi" ja "humanismi" ovat pohjimmiltaan metafyysisiä käsitteitä eivätkä puhtaasti älyllisiä tulkintoja. Ne ovat lähtöisin tietyistä hengellisistä lähtökohdista, eivätkä ne siis ole puhtaasti objektiivisen ajattelun tulosta.

Jumalan olemassaolon todistaminen

Jumalan olemassaoloa ei voida todistaa oikeaksi tai vääräksi pelkällä filosofisella järkeilyllä tai tieteellisellä tutkimuksella – hänet voidaan oppia tuntemaan ainoastaan hengellisen ilmestyksen avulla, joka vastaanotetaan uskon kautta. Elävän uskomme ei kuitenkaan koskaan tule olla vailla mieltä.

Kristityt ajattelijat ovat läpi vuosisatojen pitäneet esillä neljää pääasiallista filosofista todistusta Jumalan olemassaolosta. Näillä perustetuilla ei koskaan ole ollut tarkoitus "todistaa",

Isän tunteminen

että Jumala on olemassa – ne vain yksinkertaisesti osoittavat, että uskomme Jumalaan on loogista ja järkevää.

1. Kosmologinen todistus
1200-luvulla vaikuttanut teologi Tuomas Akvinolainen esitteli ensimmäisen ja yhä edelleen merkittävimmän kosmologisen todistuksen version. Siinä todetaan, että juuri maailmankaikkeuden, *kosmoksen*, olemassaolo osoittaa, että on olemassa jokin "ensimmäinen syy" tai luoja, joka on tehnyt sen olevaksi.

2. Teleologinen todistus
Tämän todistuksen mukaan *teloksen*, suunnittelun ja tarkoituksen, olemassaolo maailmankaikkeudessa osoittaa, että on olemassa älykäs luoja tai arkkitehti, joka suunnitteli tuon maailmankaikkeuden. Teleologisen todistuksen ehkäpä kuuluisin versio on William Paleyn 1800-luvulla esittämä kelloseppävertaus, jonka mukaan kellon monimutkaisuus todistaa väistämättä, että on olemassa myös kelloseppä, joka on sen tehnyt.

3. Moraalinen todistus
Tämä todistus yhdistetään usein 1700-luvulla vaikuttaneeseen saksalaiseen filosofiin Immanuel Kantiin. Sen mukaan ihmisten moraalikäsitys on merkki siitä, että on olemassa moraalinen maailmankaikkeuden hallitsija, joka pitää meitä vastuullisina teoistamme.

4. Ontologinen todistus
Tämän todistuksen puolesta puhui 1000-luvulla vaikuttanut kristitty ajattelija Anselm Canterburylainen. Se koostuu ajatusketjusta, joka esittää, että Jumala on "se, jota suurempaa ei voida kuvitella". Sen mukaan voidaan päätellä, että ihmisten laajalle levinnyt käsitys Jumalasta viittaa siihen, että hän todella myös on olemassa.

Kuka Jumala on?

Yksikään näistä todistuksista ei itsessään tai yksistään todista Jumalan olemassaoloa, mutta niillä on huomattavaa arvoa – erityisesti silloin, kun ne ymmärretään syvästi ja niitä kehitetään pidemmälle. Niiden ensisijainen merkitys uskovien kannalta tarkasteltuna on kuitenkin osoittaa, ettei usko Jumalaan ole ristiriidassa hyvän logiikan ja järkeilyn kanssa ja ettei se myöskään ole sekavaa ja mieletöntä.

Ateistit ja agnostikot puolestaan painottavat yleensä naturalistista tapaa selittää maailmankaikkeutta ja sulkevat pois mahdollisuuden, että jotakin "yliluonnollista" voisi olla olemassa. Maailma täytyy selittää ainoastaan ihmisten luonnollisten kokemusten ja järkeilyn pohjalta. Niin kutsutut filosofiset "todistukset" Jumalan olemassaolosta eivät ole heistä vakuuttavia. Heidän ajatusmaailmassaan ei ole sijaa jumalalliselle ilmoitukselle, ja niinpä he yksinkertaisesti sivuuttavat Raamatun väittämät.

Ilmestystieto on kuitenkin juuri se, jonka avulla Jumala voidaan oppia tuntemaan. Ilman sitä emme voi saada varmuutta Jumalan olemassaolosta, kuten kohdat Job 11:7 ja 1. Kor. 1:21 antavat ymmärtää. Juuri tässä usko astuu mukaan kuvioihin. Usko on sitä Jumalan antamaa kykyä, jonka kautta vastaanotamme Jumalan ilmoituksen ja astumme sisään suhteeseen hänen kanssaan, joka on maailmankaikkeuden perimmäinen todellisuus ja kaiken totuuden lähde.

Jumalan tunteminen

Paljastamalla Jumalan luontoa ja luonnetta Raamattu selvittää johdonmukaisesti, kuka Jumala on. Tätä ennen on kuitenkin ehdottoman välttämätöntä ymmärtää, kuinka tämä paljastaminen tapahtuu.

Raamattu ei pyri määrittelemään Jumalaa filosofisesti – sen sijaan se esittelee hänet elävänä ja rakastavana Luojana, joka haluaa muodostaa todellisen ja henkilökohtaisen suhteen kadotetun ihmiskunnan kanssa. Raamatussa ei keskitytä esittämään pelkkiä käsitteellisiä tosiasioita Jumalasta, vaan

Isän tunteminen

Jumala esitellään ennen kaikkea niiden suhteiden kautta, joita hänellä tavallisten ihmisten kanssa on.

Joitakin toteamuksia Jumalasta Raamatusta kuitenkin voidaan löytää. Raamatussa esimerkiksi todetaan, että Jumala on rakkaus ja että Jumala on valo. Raamatullisen ilmestystiedon avulla pystymme lisäksi muodostamaan omia toteamuksiamme Jumalasta – esimerkiksi, että Jumala on "kaikkivoipa" ja että Jumala on "kaikkitietävä".

Meidän on kuitenkin syytä pitää mielessä, että Jumala ennen kaikkea haluaa ihmisten tuntevan hänet, ei ainoastaan tietävän asioita *hänestä*. Vaikka tässä kirjassa pyritäänkin ymmärtämään sitä, mitä Raamattu opettaa siitä, kuka Jumala on ja millainen hän on, tämän pyrkimyksen tulee pohjautua siihen, että meillä ensin on henkilökohtainen suhde hänen kanssaan. Kaiken Raamatun tutkimisen ja sitä kautta Jumalasta oppimisen tavoite tulisi olla, että niiden kautta rakastaisimme Jumalaa syvemmin, seuraisimme häntä vielä tiiviimmin ja tuntisimme häntä entistä läheisemmin.

Tämä ajatus "asioiden paljastamisesta suhteiden kautta" voidaan esimerkiksi havaita Psalmissa 139. Kyseisen Psalmin voitaisiin sanoa antavan ymmärtää, että:

- ◆ Jumala on kaikkitietävä – jakeet 1–6 osoittavat, että hän tietää kaiken

- ◆ Jumala on kaikkialla läsnä oleva – jakeet 7–12 opettavat, että hän on kaikkialla

- ◆ Jumala on kaikkivoipa – jakeet 13–16 havainnollistavat hänen voimaansa ja kykyään

- ◆ Jumala on pyhä – jakeissa 17–24 viitataan hänen puhtauteensa ja pyhyyteensä.

Vaikeaselkoiset sanat kuten "kaikkitietävä" tai "kaikkivoipa" ovat kuitenkin liian kuivakkaita ja käsitteellisiä välittämään Psalmin 139 todellisen sanoman. Psalmin kirjoittaja ei pyri määrittelemään Jumalaa esittelemällä hänet kaiken tietävänä, vaan hän iloitsee siitä tosiasiasta, että hänen Jumalansa

Kuka Jumala on?

tietää kaiken juuri hänestä. Kirjoittaja ei myöskään pyri selventämään, mitä käsitteellinen periaate "kaikkialla läsnä oleva Jumala" tarkoittaa, vaan hän riemuitsee siitä totuudesta, että hänen Jumalansa on juuri hänen kanssaan missä ikinä hän onkin. Psalmin 139 välittämä ilmestystieto Jumalasta on henkilökohtaista, käytännönläheistä, suhteessa ilmenevää ja välitöntä. Psalmin kirjoittaja ei ainoastaan tiedä Jumalaa koskevia totuuksia, hän myös tuntee Jumalansa syvällisesti ja läheisesti.

Kun pohdiskelemme niitä asioita, joita Raamattu opettaa Jumalasta ja – erityisesti – kolminaisuuden ensimmäisestä persoonasta, meidän on syytä muistutella itseämme siitä, ettemme ole tutkimassa abstrakteja totuuksia jostakin teoreettisesta jumaluudesta. Sen sijaan olemme tutustumassa niihin keinoihin, joiden avulla voimme syventää elävää ja henkilökohtaista suhdettamme ikiomaan taivaalliseen Isäämme.

Jumalan olemus ja ominaisuudet
Raamatussa on valtava määrä opetusta Jumalan luonnosta ja hänen luonteenpiirteistään, ja tässä loppuluvussa voidaankin luoda vain hyvin pintapuolinen katsaus aiheeseen liittyvään raamatulliseen opetukseen. Loppuluvun aineisto on selvyyden vuoksi jaettu eri kategorioihin, mutta Jumala on kaikkia seuraavaksi esitettyjä asioita kaiken aikaa. Jokainen hänen luonteensa puoli liittyy kaikkiin muihinkin hänen luonteensa puoliin, ja kaikki ne ovat yhtä tärkeitä. Ajaudumme välittömästi harhapoluille, jos alamme ylikorostaa jotakin yhtä näistä hänen luontonsa puolista tai toisaalta myös, jos sivuutamme jonkin niistä.

Jumala on ikuinen
Jumalan "ikuisuus" on Raamatun perustavanlaatuisin Jumalaan liitetty käsite. Jumalaa voidaan ymmärtää oikein vain kun käsitetään, mitä seurauksia sillä on, että hän on luonteeltaan ikuinen.

15

Isän tunteminen

Suomen kielen sanaan "ikuinen" nivoutuu kaksi Jumalan olemuksen puolta.

Jumalan ikuinen olemus tarkoittaa sitä, ettei hän alkanut mistään ja ettei hän lopu koskaan. Hän itse on ajan ja aineellisen, elämän ja olemassaolon lähde. Vaikka Jumala antaakin lapsilleen ikuisen elämän lahjan, meidän ikuinen elämämme eroaa hänen ikuisesta elämästään siinä, että meillä se on alkanut jostakin.

Tämä Jumalan ikuisen luonnon "suurempi aikaa sellaisena kuin me sen tunnemme" -puoli on havaittavissa jakeiden 1. Moos. 21:33, 5. Moos. 33:27, Ps. 48:14, 90:1-2 sekä Jes. 40:28 ja 57:15 kaltaisissa kohdissa. Vaikka Jumala kykeneekin toimimaan "ajassa ja ajallaan", hän ei ole millään lailla sidoksissa ajankulkuun.

Toisekseen Jumalan ikuinen olemus tarkoittaa sitä, että hän on muuttumaton, sillä muutos on aikaan kytköksissä oleva ilmiö. Muutokseen tarvitaan aina aikaa sellaisena kuin se maan päällä ymmärretään. "Lakkaamaton" ja "muuttumaton" ovat siis sanan "ikuinen" kaksi samanarvoista ja toisistaan erottamatonta merkitystä. Jumalan ikuisen luonnon muuttumaton puoli voidaan havaita esimerkiksi kohdissa 1. Sam. 15:29, Mal. 3:6 ja Jaak. 1:17.

Lisäksi on syytä huomioida, että kristityt käyttävät sanaa "ikuinen" usein tarkoittaessaan, että Jumala on *kaiken* yläpuolella, koska hän on kaiken lähde.

Jumala on ääretön

Jumalan ikuinen olemus sisältää myös viittauksen hänen äärettömyyteensä. Tarkasti ottaen se, että Jumala on ikuinen, osoittaa, ettei hän ole sidottu aikaan liittyviin rajoituksiin, kun taas hänen äärettömyytensä ilmaisee sen, ettei hän myöskään ole sidottu paikkoihin liittyviin rajoituksiin. Jumala ei yksinkertaisesti tunne rajoituksia. Tämä voidaan havaita kohdissa kuten 1. Kun. 8:27; Ps. 147:5; Job 11:7-9; Jes. 55:8-9 ja Room. 11:33.

Kuka Jumala on?

Jumalan luonnon jokainen puoli – hänen rakkautensa, voimansa, huolenpitonsa, tietämyksensä, pelastuksensa jne. – on jo itsessään olemassa "ikuisesti ja äärettömästi". Koska Jumala on lakkaamaton ja muuttumaton, väistämättä myös kaikki mitä hän on, kaikki mitä hänellä on ja kaikki mitä hän tekee on kyvyltään ja ominaisuudeltaan "ikuista ja ääretöntä". Tätä on vaikea käsittää, sillä me itse olemme aikaan ja paikkaan sidottuja. Aina kun pohdiskelemme mitä tahansa Jumalan luonnon puolta, meidän on kuitenkin tärkeää pitää mielessä, että Jumala on ikuinen.

Jokainen tässä kirjassa käsitelty Isään liittyvä puoli on jo itsessään ääretön, ikuinen, lakkaamaton ja muuttumaton. Tämän perustotuuden tulisi sytyttää meissä yhä suurempaa uskoa ja syvempää ylistystä.

Jumala on kuolematon

Jumala ei ainoastaan ole ajan ja paikan "yläpuolella", koska hän loi ajan ja paikan, hän on myös elämän yläpuolella – koska hän loi itse elämänkin ja kaikki elämän muodot, lukuun ottamatta tietenkin omaa olemassaoloaan. Monet niistä sanoista, joilla Jumalaa kuvataan, sisältävän aikaan, paikkaan ja elämään liittyviä ilmauksia. Vaikka jotkut näistä tuntuvatkin puhuvan hänen ikuista luontoaan vastaan, ne auttavat meitä kuitenkin ymmärtämään hänen jumalallista luontoaan.

Me sanomme "Jumala on olemassa aina", koska se on yksinkertainen tapa ymmärtää hänen ikuista luontoaan. Kuvaamme häntä myös "suureksi tai korkeaksi Jumalaksi", koska se auttaa meitä käsittämään hänen ääretöntä luontoaan. Totuus kuitenkin on, että Jumala on kaikkia luotuja asioita ennen-ja-yläpuolella: aikaa, paikkaa, ainetta ja elämää. Häntä ei voida sitoa tai määrittää millään näistä asioista, sillä hän oli olemassa jo ennen niitä ja toi ne olemaan.

Sanomme myös "Jumala elää" ja kutsumme Jumalaa "eläväksi Jumalaksi", koska nämä kielikuvat auttavat meitä arvostamaan hänen elinvoimaista ja elämää sykkivää olemustaan. Nämä ilmaukset ovat kuitenkin vain laimeita inhimillisiä yrityksiä

17

Isän tunteminen

pyrkiä käsittämään hänen jumalallisen kuolemattomuutensa majesteettista ihmettä.

Se että Jumala on kuolematon ei ainoastaan tarkoita sitä, että Jumala ei koskaan kuole tai edes sitä ettei hän voi kuolla, vaan Jumalan kuolemattomuus tarkoittaa todellisuudessa sitä, että hän "ei ole kuolevainen", että hän on "ennen" kaikkea elämää ja kaiken elämän "yläpuolella". Niiden uskovien, jotka kuvaavat Jumalan olemassaoloa sanoilla "elää aina", täytyy ymmärtää, että kyseinen ilmaus maalaa rajallisen fyysisen kuvan. Osuvampaa olisi sanoa, että Jumala on "kaiken elämän lähde" kuin ainoastaan sanoa että hän on "elossa". Jumala ei koskaan kuole, koska hän oli olemassa ikuisesti jo ennen kuin hän edes loi elämän. Hänen kuolemattomuutensa tarkoittaa, että hän on todella paljon enemmän kuin vain "aina elävä".

Koko totuus on, ettei Jumala ole lähtöisin mistään eikä minkään ylläpitämä. Hän itse on paikan, elämän ja ajan lähde, ja hän pitää näitä kaikkia ikuisesti yllä. Hän on täysin muista riippumaton, eikä kukaan muu kuin hän itse ole hänen olemassaolonsa takana. Lyhyesti sanottuna, hän on "kuolematon" – 1. Tim. 1:17 ja 6:16.

Jumala on ylimaallinen

Sitä raamatullista ajatusta, että Jumalan ikuinen luonto tarkoittaa sitä, että hän on paljon kaikkea muuta maailmankaikkeudessa olevaa yläpuolella, kuvataan useilla eri suomen kielen sanoilla. Yksi tapa on esimerkiksi kuvata Jumalaa sanalla "transsendentti" tai "ylimaallinen". Tämä tarkoittaa, että hän on olemassa aineellisesta maailmankaikkeudesta erotettunakin ja että sen luontaiset rajoitukset eivät koske häntä. Kyseinen sana juontuu latinan kielen verbistä *transcendere*, joka tarkoittaa "kiivetä yli", ja sitä käytetään välittämään se ajatus, että Jumala on kaukana meidän tavoittamattomissamme, että hän on paljon meitä korkeampi ja että hän on täysin kaiken muun luomakunnan yläpuolella.

Kuka Jumala on?

Jumalaa kuvataan myös sanalla "korotettu". Tämä sana tulee latinan kielen sanasta *altare*, joka tarkoittaa "korkea". Se tarkoittaa myös, että Jumala on nostettu korkealle, että hän on paljon meidän yläpuolellamme, paljon maailmankaikkeuden yläpuolella.

Raamatussa Jumalaa kutsutaan usein nimellä *El Elyon*, "Korkein", ja tällä viitataan hänen ylivertaiseen ylimaallisuuteensa ja ylemmyyteensä. Esimerkkejä tästä voidaan löytää esimerkiksi kohdista 1. Moos. 14:18–22; 4. Moos. 24:16; 5. Moos. 32:8; 2. Sam. 22:14; Ps. 7:17, 21:7, 50:14, 78:17, 83:18, 92:1, 107:11 ja Jes. 14:14.

Raamattu usein kehottaa meitä ylistämään Jumalaa siksi, koska hän on äärettömän paljon korkeampi kaikkea muuta tai korotettu kaikkea muuta korkeammalle. Tämä havaitaan kohdissa Neh. 9:5; Ps. 47:2, 92:8 ja 97:9. Myös Jesajan kirjan jakeessa 57:15 viitataan Jumalan korkeaan asemaan, mutta siinä osoitetaan, ettei Jumalan ylimaallisuutta tulisi kuitenkaan ylikorostaa. Koska Jumala on ääretön, hän ei ole ainoastaan kaikkien asioiden *yläpuolella*, hän on myös kaikkien asioiden *vierellä*.

Jumala on henki
Johanneksen evankeliumin jae 4:24 tiivistää Jumalan korotetun, ikuisen, äärettömän ja kuolemattoman luonnon yhteen lyhyeen sanaan: hän on henki. Tämä tarkoittaa, ettemme me voi häntä täysin inhimillisillä fyysisillä aisteillamme tavoittaa. Tämä havaitaan esimerkiksi kohdissa Joh. 1:18 sekä 1. Tim. 1:17 ja 6:15–16.

Koska Jumala on pohjimmiltaan hengellinen, häntä ei voida fyysisesti nähdä, koskettaa, kuulla, maistaa tai haistaa. Useimmat kristityt tietysti puhuvat Jumalan "kuulemisesta" ja hänen "koskettamisestaan", mutta kun teemme näin, käytämme fyysisiä sanoja vertauksellisesti hengellisen "uskossa tapahtuvan aistimisen" kuvaamiseksi.

Koska Jumala on henki, emme voi nähdä häntä silmillämme tai kuulla häntä korvillamme. Sen sijaan tunnemme hänet

Isän tunteminen

hengessämme uskomme kautta. On hyödyllistä muistutella ihmisiä siitä, että Jumala on henki – ja tehdä selväksi, että hänet tästä johtuen myös koetaan hengellisesti. Fyysiset sanat kuten "kuulla" ja "nähdä" ovat hyödyllisiä, mutta vain sellaiset henkilöt voivat hyötyä niistä, jotka ymmärtävät, että ne ovat vertauskuvallisia ilmauksia ja ettei niitä voida soveltaa kirjaimellisesti.

Jumala on ainoa Jumala

Jotkut ihmiset kyseenalaistavat, olivatko muinaiset israelilaiset sittenkään todella täysin monoteisteja – siis uskoivat he vain yhteen Jumalaan. Näiden ihmisten mukaan tietyt Vanhan testamentin kohdat antavat ymmärtää, että varhaiset israelilaiset uskoivat muilla kansoilla olevan omat jumalansa, vaikka he uskoivatkin *Jahven* olevan korkein Jumala. Jos tämä pitää paikkansa, tarkoittaisi se sitä, että varhaiset israelilaiset eivät olleet "monoteisteja" vaan "monolatreja". Monolatria tarkoittaa sitä, että ylistetään johdonmukaisesti yhtä jumalaa, joka ainoastaan on ylistyksen arvoinen, vaikka tiedetäänkin, että myös muita jumalia on olemassa.

Vanhassa testamentissa on useita kohtia, joissa viitataan "jumaliin" monikossa – näin esimerkiksi kohdissa 2. Moos. 20:3; 5. Moos. 10:17, 13:2; Ps. 82:6 ja Dan. 2:47. On kuitenkin tärkeää huomata, että suurimmassa osassa niistä raamatunpaikoista, joissa puhutaan "jumalista", viitataan yksinkertaisesti vääriin jumaliin – sellaisiin, jotka väittävät olevansa jumala, mutta jotka todellisuudessa ovat epäjumalia. Esimerkiksi 2. Kuningasten kirjan jakeessa 19:18 sanotaan, että "he ovat heittäneet heidän jumalansa tuleen; sillä ne eivät olleet jumalia, vaan ihmiskätten tekoa, puuta ja kiveä" (v. 1933 käännös), ja Psalmin 96 jakeessa 5 vakuutetaan, että "kaikki kansojen jumalat ovat epäjumalia".

On erittäin tärkeää huomioida, että Vanhassa testamentissa ei vahvisteta monolatrian olevan oikeanlainen näkökanta. Israelilaiset alkoivat asteittain ymmärtää, että Jahve oli yksi ja ainoa oikea Jumala ja että muiden kansojen jumalat olivat ei-todellisia olentoja. Vanhan testamentin kirjoituksissa kerrotaan,

Kuka Jumala on?

että ihmiset usein keksivät jumalia, joita sitten alkavat palvoa. Nämä eivät kuitenkaan ole todellisia jumalallisia olentoja. *Jahve* on taivaan ja maan Jumala, *ainoa* Jumala. Tämä totuus voidaan havaita esimerkiksi kohdissa 1. Moos. 24:3,7; 2. Moos. 18:11; 5. Moos. 4:34–35, 6:4, 7:9, 10:17; Joos. 2:11; 2. Aik. 2:5–6; Esra 5:11–12, 6:9–10, 7:12,23; Neh. 1:4–5, 2:4,20; Jes. 54:5; Jer. 10:10–11 ja Dan. 2:47.

Raamatun suhtautumistapa kysymykseen useista jumalista on lopulta hyvin selkeä: on vain yksi Jumala, eikä hänen rinnallaan ole ketään toista. Kun käsitämme Jumalan ylemmyyden, ikuisuuden ja kuolemattomuuden, on selvää, ettei voi olla mitään toista jumalaa. Ei yksinkertaisesti voi olla olemassa kuin *yksi* ylivertainen, ikuinen ja ääretön olento – toinen tällainen olento olisi mahdottomuus.

Jumala on läsnä oleva

Edellä todettiin jo, että jos mitä tahansa Jumalan luonteen puolta painotetaan liikaa, ajaudutaan harhapoluille. Jumalan ylimaallisuus tai ylemmyys on ehkäpä juuri se puoli hänen olemustaan, jota on kaikista useimmiten ylikorostettu.

Jumalan ylimaallisuus kyllä tarkoittaa sitä, että hän on "kaiken yläpuolella" ja "kaikkialla", mutta tämän tasapainottamiseksi täytyy yhtä lailla korostaa hänen *läsnä olevaa* puoltaan, millä viitataan Jumalan läsnäoloon ja toimintaan luonnossa, ihmiskunnassa ja historiassa. Toinen sana "läsnä olevalle" on "immanentti", ja se tulee latinan kielen sanasta *manere*, joka tarkoittaa "jäädä (asumaan)", "viipyä". Kun kuvaamme Jumalaa ilmauksella "läsnä oleva", vakuutamme, että hän on pysyvästi kaikkialla maailmankaikkeudessa – että hän asuu täällä, että hän on jäänyt pysyvästi eikä koskaan lähde, vaikka hän onkin täysin luomakunnastaan erillinen ja itsenäinen olento. Psalmin 139 voidaan nähdä juhlistavan tätä Jumalan "läsnä olevaa" puolta ihmeellisenä asiana.

Jos Jumala kerran on ikuinen ja ääretön, tähän täytyy jo itsessään sisältyä myös ajatus siitä, että hän on kaikkialla. Hän on väistämättä *sekä* ylimaallinen *että* läsnä oleva. Jesajankin

Isän tunteminen

kirjan luvun 6 jakeessa 3 serafit huusivat "pyhä, pyhä, pyhä on Herra Sebaot", mikä viittaa Jumalan ylimaallisuuteen, mutta lisäsivät sen perään sanat "hänen kirkkautensa täyttää kaiken maan", joka on viittaus siihen, että hän on läsnä oleva. Näitä kahta ajatusta ei saa erottaa toisistaan – jos vain toista näistä hänen luonteensa puolista korostetaan, kielletään samalla toinen niistä epäsuorasti.

Kristityt käyttävät usein kielikuvaa, joka ihannoi Jumalan ylimaallisuutta: he sanovat, että Jumala "pitää koko maailmaa käsissään". Jumala ei kuitenkaan ainoastaan ympäröi maailmaa vaan myös läpäisee sen. Kuten toistuvasti tässä kirjassa havaitaan, Jumalan ikuinen, ääretön, kuolematon, hengellinen luonto on väistämättä täynnä erilaisia paradokseja.

Vaikka onkin oikein sanoa, että Jumala pitää maailmaa käsissään, meidän tulisi lisäksi puhua – Jeremian kirjan jakeiden 23:23-24 tavoin – sitä tasapainottavaa totuutta, että hän myös täyttää koko maailman läsnäolollaan. Tätä Paavalikin julisti filosofeille Areiopagilla sanoessaan, että " Jumala ei kylläkään ole kaukana yhdestäkään meistä" – Ap. t. 17:27.

Koska Jumala on ääretön, hän väistämättä on myös kaikkialla. Hän on *sekä* korotettu *että* Immanuel – "Korkein Jumala" *ja* "Jumala kanssamme". Hän on sekä "Korkea ja Ylhäinen", joka asuu "korkeudessa ja pyhyydessä", että Jumala, joka asuu "murtuneiden ja nöyrien" luona – Jes. 57:15. Tätä totuutta ei kuitenkaan tulisi ymmärtää niin, että Jumala on vain hyvin kapealla alueella läsnä: tämä on täysin väärin. Jumalan ääretön luonto tarkoittaa väistämättä sitä, että kaikki hänessä on kaikkialla. Mikään muu ei voi mitenkään olla järkeenkäypää.

Ajatusta Jumalan läsnä olevasta olemuksesta ei pidä sekoittaa *panteismiin* – käsitykseen, että kaikki on Jumalaa – eikä *panenteismiin* – käsitykseen, että Jumala on kaikessa (osana kaikkea). Kristillisen teismin mukaan Jumala täyttää läsnäolollaan kaikki maailmankaikkeutensa kolkat. Jumala on yhtä lailla "täällä" kuin hän on "siellä". Hän on täysin minun kanssani, ja hän on täysin jokaisen muunkin uskovan kanssa.

Kuka Jumala on?

Tätä tarkoittaa se, että hän on ikuinen, ääretön, läsnä oleva ja kaikkialla läsnä oleva.

Jumala on persoonallinen
Suurin osa Jumalaa kuvaavista ominaisuuksista on suoraa seurausta hänen ikuisesta luonnostaan. Raamattu kuitenkin esittää Jumalan myös persoonana – Jumala ei koskaan ole "se", jokin "asia", "periaate", "valta" tai "voima". Raamattu selkeästi paljastaa, että Jumalalla on kaikki sellaiset piirteet, jotka tavallisesti yhdistetään johonkin henkilöön. Esimerkiksi:

- Hän ajattelee – Jes. 40:13–14.
- Hän haluaa – Ef. 1:11.
- Hän tuntee rakkautta – Hoos. 11:1.
- Hän tuntee vihaa – 4. Moos. 25:3.
- Hän tuntee myötätuntoa – Ps. 103:13.
- Hän tuntee iloa – Sef. 3:17.

Ensimmäisen Mooseksen kirjan luvun 1 jakeessa 27 todetaan, että Jumala loi persoonalliset olennot – miehet ja naiset – *omaksi kuvakseen*. Tästä voidaan ymmärtää, että myös Jumala itse on persoonallinen olento. Raamatussa vahvistetaan tätä ajatusta käyttämällä Jumalasta aina persoonapronomineja – "minä", "minun", "hänen", "hän" ja niin edelleen. Lisäksi, kuten tämän kirjan osassa 2 havaitaan, Raamatussa myös toistuvasti annetaan Jumalalle henkilönnimiä.

Kun käymme läpi sitä, mitä Raamattu paljastaa Jumalasta, meidän tulee samalla pitää tiukasti mielessä Jumalan ikuista-ja-persoonallista luontoa koskeva paradoksi. Jos painotamme liikaa hänen ikuista puoltaan, meidän on mahdotonta uskoa, että voisimme tuntea hänet. Jos taas ylikorostamme sitä, että Jumala on persoona, alamme kyseenalaistaa hänen ihmeellistä ja ääretöntä suuruuttaan. Nämä kaksi jumalallista ominaispiirrettä täytyykin pitää siinä luovassa jännitteessä, johon Raamattu ne sijoittaa.

Isän tunteminen

Jumala on kolmiyhteinen

Kuten osassa 4 havaitaan, Uusi testamentti opettaa, että Jumala on yksi ikuinen olento, jonka olemuksessa on kolme persoonaa. Isä, Poika ja Henki eivät kuitenkaan ole kolme erillistä yksilöä tai kolme erillistä jumalaa: ne ovat yhden kokonaisuuden kolme erillistä osaa.

Jumala on yksi, hän ei ole jakautunut kolmeksi. Hän kuitenkin ilmoittaa itsensä ihmisille kolmen erilaisen persoonan kautta, joilla on omat piirteensä ja tehtävänsä. Nämä me tunnemme nimillä Isä, Poika ja Henki. Tämä havaitaan esimerkiksi kohdissa Matt. 28:19; Mark. 1:9–11; Joh. 14:16–17,25–26, 15:26, 16:13–15; Room. 8; 1. Kor. 12:3–6; 2. Kor. 13:14; Gal. 4:4–6; Ef. 4:4–6; 2. Tess. 2:13–14; Tit. 3:4–6; 1. Piet. 1:2; Juud. 1:20–21 ja Ilm. 1:4.

Tässä *Hengen miekka* -kirjasarjassa näitä jokaista jumalallista persoonaa tarkastellaan omissa kirjoissaan, osissa *Isän tunteminen*, *Hengen tunteminen* ja *Pojan tunteminen*. Meidän tulee kuitenkin aina pitää mielessä, että jokainen näistä kolmesta jumalallisesta persoonasta on täysin Jumala ja että ne yhdessä muodostavat sen yhden hengellisen olennon, jota kutsutaan Jumalaksi. Tätä Jumalan kolmiyhteistä luontoa käsitellään laajemmin tämän kirjan osissa 4 ja 5.

Jumala on luoja

Raamattu paljastaa, että Jumala lausui suuren maailmankaikkeutemme olemaan. Koska Jumala on ikuinen ja ääretön, hänen voimansa ei kuitenkaan rajoitu luomakuntaan. Jobin kirjan jae 26:14 osoittaa, että luomakunta on vain pienen pieni kurkistus Jumalan äärettömään kaikkivoipaisuuteen.

Monetkaan nykyajan uskovista eivät pidä Jumalan luovaa luontoa niin tärkeänä asiana, että pitäisivät sitä esillä: Jumalan vastustajat ovat saaneet heidät hiljennettyä. Jumalan synnynnäinen luovuus on kuitenkin yksi niistä teemoista, joita Raamatussa kaikista eniten painotetaan. Tämä voidaan havaita esimerkiksi kohdissa 1. Moos. 1:1; Job 4:17, 35:10, 36:3, 38:1–39:30; Ps. 8:3, 95:6, 115:15, 119:73, 121:2, 124:8, 146:6; Jes.

Kuka Jumala on?

27:11; Jer. 10:16; Hoos. 8:14; Joh. 5:26; Room. 11:35-36; Hepr. 11:3 sekä Ilm. 3:14 ja 4:11.

Raamattu ei opeta, *kuinka* Jumala luo – se ainoastaan toteaa luomakunnan olevan hänen viisautensa ja voimansa aikaansaamaa. Venyttivätpä ihmiset tieteen rajoja kuinka pitkälle tahansa, kukaan ei koskaan voi saada selville, kuinka aineelliset asiat, paikka ja aika tulivat olemaan tyhjästä.

Jokainen ihminen voi uskoa todeksi yhden vain kolmesta eri uskomuksesta – vaihtoehtoja ei ole tämän enempää.

- Aineelliset asiat ja energia ovat aina jo olleet olemassa. Ne ovat perimmäinen todellisuus. Elämä sekä aikaan ja paikkaan sidottu maailmankaikkeus ovat seurausta niiden täysin sattumanvaraisesta toiminnasta.

- Aineelliset asiat ja energia tulivat omaaloitteisesti olemaan tyhjästä. Näin ollen niille ei lähtökohtaisestikaan ole olemassa syytä eikä selitystä.

- Täysin toisenlainen, täysin kaiken yläpuolella oleva, täysin ei-aineellinen olento loi paikan, ajan, aineelliset asiat, energian ja elämän "tyhjästä" (*creatio ex nihilo,* kuten asia latinaksi ilmaistaan).

Se minkä näistä kolmesta valitsemme, on täysin hengellinen valinta. Se ei ole tieteellinen tai pelkkään älyyn perustuva päätös. Kaikkiin näihin kolmeen, riippumatta siitä mikä niistä valitaan, tarvitaan sama määrä "uskoa".

Jumala on ylläpitäjä

Raamatun kirjoitukset osoittavat, ettei Jumala jättänyt maailmaamme selviämään ilman huolehtivaa ja luovaa läsnäoloaan. Hän tarkkailee sitä lakkaamatta ja pitää sitä yllä rakkaudellaan ja voimallaan. Tämä havaitaan esimerkiksi kohdissa Neh. 9:6; Ps. 104:10-23 ja Ap. t. 14:15-17.

Jumalan kaiken ylläpitävä luonto on itsestään selvää seurausta siitä, että hän on ikuinen ja ääretön. Koska Jumala on olemukseltaan lakkaamaton ja muuttumaton, hän ei voi

Isän tunteminen

etäännyttää itseään luomistyöstään eikä lakata olemasta luovasti tekemisissä luomakunnan kanssa.

Jos kerran "jumalallisen energian purkaus", joka sai maailmankaikkeuden olemaan, oli osoitus siitä, että on olemassa ikuinen ja ääretön Jumala, se ei voinut olla vain hetkellinen ja ohimenevä välähdys. Tämä tarkoittaa, että luomakunnan olemassaolo on jo itsessään todiste siitä, että Jumala ylläpitää kaikkea.

Jumala on valtias

Raamattu nimeää Jumalan paitsi luojaksi ja ylläpitäjäksi, myös maailmankaikkeuden valtiaaksi. Tämä havaitaan esimerkiksi kohdissa 1. Aik. 29:25; Ps. 7:8, 10:16, 22:28, 47:2–8, 74:12, 99:2, 95:3–5, 103:19, 115:3, 135:6; Jes. 46:6–11, 54:5; Jer. 10:7; Hes. 20:33; Dan. 2:47, 4:25–26,32–37; Sak. 14:9 ja Ef. 1:11.

Nämä kohdat osoittavat, että Jumala hallitsee kaikkia asioita ylivertaisella voimallaan. Hän ohjaa ja johtaa kaikkea. Hän myös toimii jatkuvasti ja rajattomasti maailmassa toteuttaessaan ikuista suunnitelmaansa.

Jumala on pyhä

Raamattu opettaa, että Jumalan jokainen ilmentymä on täydellisen pyhä. Tämä havaitaan esimerkiksi seuraavissa raamatunkohdissa:

◆ Isä – Luuk. 1:49; Joh. 17:11; 1. Piet. 1:15–16 ja Ilm. 4:8, 6:10

◆ Poika – Luuk. 1:35; Ap. t. 3:14, 4:27–30 ja 1. Joh. 2:20

◆ Henki – 2. Tim. 1:14; Tiit. 3:5; 2. Piet. 1:21 ja Juud. 20.

Sana "pyhä" tuo monien ihmisten mieleen moraalisia mielleyhtymiä. Nämä ihmiset ajattelevat, että pyhyys tarkoittaa oikein tekemistä ja hyvin käyttäytymistä. Heprean ja kreikan kielen "pyhää" tarkoittavat sanat *qadosh* ja *hagios* ovat kuitenkin toiminnallisia sanoja, jotka ensisijaisesti tarkoittavat "täysin erotettu jotakin yhtä tarkoitusta varten" ja "omistettu tai pyhitetty jotakin tiettyä tarkoitusta varten".

Kuka Jumala on?

Kolmiyhteinen Jumala on "pyhä" siinä merkityksessä, että hänen korotettu, ikuinen, ääretön, synnitön, moraalisesti täydellinen ja hengellinen luontonsa on erottanut hänet kaikesta luodusta: hän on "täysin toisenlainen", "täysin kaiken yläpuolella".

Jumalan "pyhyys" on siis seurausta kaikista hänen ominaisuuksistaan. Juuri tämä on se seikka, joka erottaa hänet kaikesta muusta. Tämä havaitaan esimerkiksi kohdissa 2. Moos. 3:5; 3. Moos. 19:2; Jes. 6:2–3, 57:15 ja 1. Joh. 1:5.

Kolminaisuuden jäsenet – Isä, Poika ja Henki – ovat kuitenkin "pyhiä" myös siinä merkityksessä, että he ovat täysin *omistettuja* tai pyhitettyjä toisilleen. Voidaan esimerkiksi sanoa, että Jeesus paljastaa pyhyytensä täydellisessä pyhittäytymisessään Isälle ja että Henki paljastaa pyhyytensä siinä, että hän on olemassa ainoastaan kirkastaakseen Jeesusta. Näiden kolmen jumalallisen persoonan täydellinen sitoutuminen toisiinsa on heidän pyhyytensä.

Jumala on kaikkivaltias ja kaikkitietävä
Raamattu muistuttaa meitä toistuvasti siitä, että Jumala on kaikkivaltias, että hän on kaikkivoipa. Tämä havaitaan esimerkiksi kohdissa 1. Moos. 18:14; Jer. 32:27–28 ja Sak. 8:6.

Lisäksi Raamattu nostaa esiin, että Jumala on kaikkitietävä. Koska Jumala on ääretön, hänen tietonsa on rajatonta eikä se ole lähtöisin kenestäkään tai mistään muusta kuin hänestä itsestään. Tämä havaitaan esimerkiksi kohdissa 1. Sam. 2:3; Ps. 139:1–6; Hepr. 4:13 ja 5. Moos. 29:29. Jumalalta on mahdotonta salata mitään.

Joillekin ihmisille tuottaa vaikeuksia ymmärtää ajatusta Jumalan kaikkivaltiudesta, sillä he ajattelevat, että se että hän "tietää ennakkoon" asioista, sulkee pohjimmiltaan pois sen, että ihmisillä olisi vapaa tahto. Se että Jumala tietää kaiken ei kuitenkaan tarkoita sitä, että hän tahtoisi kaiken tapahtuvan. Hänen *salliva* tahtonsa, se että hän antaa asioiden tapahtua, eroaa usein merkittävästi hänen *täydellisestä* tahdostaan. Tämä on vaikea asia ymmärtää. Kaikki asiat tapahtuvat Jumalan

Isän tunteminen

tahdon mukaan, eli hän määrää kaiken ennalta – hän tietää jo alusta asti, miten kaikki asiat päättyvät. Hänen ylin, lopullinen tahtonsa ei kuitenkaan sulje pois ihmisten ja muiden luotujen olentojen "vapaata tahtoa" ja moraalista vastuuta. Jumalan suvereeni luonto on niin ääretön, että hän voi tehdä ja tekeekin työtään vapaiden moraalisten toimijoiden tekojen kautta. Hänen sallivan ja täydellisen tahtonsa välistä eroa täytyy tarkastella tässä valossa. Isän tahtoa käsitellään tämän kirjan osassa 7.

Myös Jumalan kaikkivaltius ja kaikkitietävyys ovat ilmeisiä seurauksia hänen ikuisesta-ja-äärettömästä luonnostaan. Kaikki hänen olemuksensa piirteet ovat olemassa äärettömästi, eli hän on aivan kaikkea aina.

Jumala on rakkaus
Raamattu tekee äärimmäisen selväksi, että Jumala on syvimmältä olemukseltaan rakkaus. Osuvampaa olisikin sanoa, että hän on kaikki-rakkaus tai kaikki-rakastava. Tämä havaitaan esimerkiksi kohdissa 2. Moos. 34:6–7; Neh. 9:17,31; Ps. 59:10–17, 103:8; Valit. 3:22–23; Joel 2:13; Joona 4:2; Nah. 1:2–3 ja 1. Joh. 4:8.

Koska Jumala on luonnostaan äärettömästi ja ikuisesti rakastava, tästä täytyy seurata, että kaikki mitä hän on, mitä hän tekee ja mitä hän sanoo on väistämättä täynnä "lakkaamatonta ja muuttumatonta" rakkautta ja "lakkaamattoman ja muuttumattoman" rakkauden aikaansaamaa.

Kaikki, mitä tässä luvussa on opittu kolmiyhteisestä Jumalasta, on tietysti täysin totta sekä Isän, Pojan että Hengen kohdalla. Tässä kirjassa keskitytään kuitenkin *Isän tuntemiseen*, ja sen vuoksi tässä syvennytäänkin ymmärtämään, mitä seuraamuksia ja sovelluksia Jumalan ominaisuuksilla on ajatellen suhdettamme taivaalliseen Isäämme.

Osa 2

Jumalan nimi

Raamatussa on käytetty yli 300 eri nimeä Jumalasta, ja ne antavatkin kattavan kuvan Jumalan persoonasta ja luonteesta – sekä hänen suunnitelmistaan ihmisiä varten.
Nykyään nimiin ei yleensä liity suurta merkitystä. Käytämme niitä pelkkinä "nimikkeinä" erottamaan yhden ihmisen toisesta. Raamatun aikoina asiat olivat kuitenkin toisin.

Mitä nimiin liittyy?

Raamatullisilla nimillä on yleensä jokin merkitys. Vaikuttaa siltä, että jotkut vanhemmat pyrkivät ilmaisemaan lastensa luonteenpiirteitä niiden nimien avulla, joita he heille antoivat. Nabalin vanhemmat eivät varmastikaan olleet tyytyväisiä poikaansa – antoivathan he hänelle nimen, joka tarkoittaa "tyhmyri" – ja kuten nähdään 1. Samuelin kirjan jakeessa 25:25, myös hänen vaimonsa jakoi tuon saman mielipiteen.

Joidenkin henkilöiden nimi vaihdettiin tai sitä muutettiin myöhemmin heidän elämässään, jotta se kuvaisi paremmin heidän luonnettaan. Esimerkiksi Vanhassa testamentissa Abramista, Saraista ja Jaakobista tuli Abraham, Saara ja Israel. Uudessa testamentissa taas Simonia, Joosefia ja Saulia kutsuttiin myös Pietariksi, Barnabakseksi ja Paavaliksi.

Jotkut raamatulliset nimet heijastelevat syntymäolosuhteita, kuten kohdissa 1. Moos. 10:25, 19:22 ja 25:30 voidaan havaita. Toiset nimet taas ovat profeetallisia, kuten kohdassa 1. Moos. 25:26 havaitaan. Useimmat raamatulliset nimet ilmaisevat ennen kaikkea vanhempien uskoa pikemmin kuin lapsen jotakin tiettyä luonteenpiirrettä.

Ne nimet, joilla Jumala halusi kansansa tuntevan itsensä, eivät kuitenkaan olleet minkään inhimillisen heikkouden,

Isän tunteminen

olosuhteen tai rajoituksen värittämiä. Jumalan nimet ovat olennainen osa sitä ilmoitusta, jonka avulla hän johtaa kansaansa itsensä tuntemiseen.

"Jumalan nimi"
Vaikka Jumalasta käytetäänkin useita eri nimiä, jotka kaikki paljastavat jonkin hänen luontonsa ja armonsa eri puolen, sanontaa "Jumalan nimi" tai "Herran nimi" käytetään itsessäänkin Vanhassa testamentissa usein.

Nimitys "Herran nimi" tarkoittaa Jumalaa itseänsä. Se viittaa täydelliseen ilmoitukseen kaikesta siitä, mitä hänestä tiedetään. Esimerkiksi:

- "Herran nimi" julistettiin Moosekselle, kun Jumala kulki hänen editseen ja ilmoitti oman luontonsa – 2. Moos. 34:5-6.

- "Huutaa avuksi Herran nimeä" tarkoitti rukoilla ja ylistää häntä Jumalana – 1. Moos. 21:33 ja 26:25 (v. 1933 käännös).

- "Unohtaa hänen nimensä" merkitsi Jumalasta luopumista – Jer. 23:27 (v. 1933 käännös).

- "Herran nimen käyttäminen väärin" taas tarkoitti hänen jumalallisen kuninkuutensa loukkaamista – 2. Moos. 20:7.

Voidaankin siis sanoa, että sanontaan "Jumalan nimi" tiivistyy Jumalan mahtava luonto ja luonne kaikessa täyteydessään. Se viittaa kaikkiin niihin tapoihin, joilla Jumala ilmaisi itsensä kansalleen. Vanhassa testamentissa Jumalan nimi oli vakuus kaikesta siitä, mitä Jumala oli luvannut olla ja tehdä Israelille. Tämä havaitaan esimerkiksi kohdissa 1. Sam. 12:22 ja Ps. 25:11.

Sanontaan "Herran nimi" kiteytyivät kaikista tärkeimmät seikat siitä, mitä israelilaiset olivat saaneet tietää Jumalasta ja kokea Jumalan kanssa. Kaikkivoipa taivaan ja maan Luoja oli heidän Jumalansa. Hän oli kutsunut heidät armon sävyttämään liittosuhteeseen kanssaan. Lähes aina, kun sanontaa "Herran

Jumalan nimi

nimi" käytettiin, vaikutti sen taustalla varmuus siitä, ettei Jumala koskaan kieltäisi tätä liittoaan tai pettäisi lupauksiaan.

Nimi on yhtä kuin henkilö
Nimi ei Raamatussa koskaan ole pelkkä tunnistetieto: se on aina yhtä kuin kantajansa. Uusi mies Abraham on uusi nimi Abraham. Uusi mies Israel on uusi nimi Israel ja niin edelleen. Tämä "nimen" ja "nimen kantajan" rinnastaminen voidaan havaita esimerkiksi siinä ajatuksessa, että jonkun henkilön kuolemasta käytetään ilmauksia:

- ◆ nimen hävittäminen – Joos. 7:9
- ◆ nimen pyyhkiminen pois maan päältä – 5. Moos. 7:24
- ◆ nimen katoaminen – 4. Moos. 27:4
- ◆ nimen pyyhkiminen pois taivaan alta – 2. Kun. 14:27
- ◆ nimen maatuminen – Sananl. 10:7.

Tämä nimen ja henkilön välinen mielleyhtymä tulee kaikista selvimmin esiin Jumalassa, jota kutsutaan toistuvasti "nimeksi" – esimerkiksi kohdissa 3. Moos. 24:11; Sananl. 18:10 ja Jes. 30:27. (Suomenkielisissä raamatunkäännöksissä sanaan "nimi" liittyy aina jokin määritelmä, kun taas englanninkielisissä raamatunkäännöksissä se esiintyy usein myös yksinään, kuten esimerkiksi edellä mainituissa kohdissa. Suom. huom.)

Erityisen selvää tämä on Uudessa testamentissa, missä:

- ◆ Jeesus lupasi olla siellä, missä kaksi tai kolme on koolla hänen nimessään – Matt. 18:20
- ◆ Jeesus opetti opetuslapsiaan rukoilemaan hänen nimessään – Joh. 14:13–14
- ◆ Jeesus lupasi, että Isä antaisi, mitä hänen nimessään pyydettäisiin – Joh. 15:16 ja 16:23–24
- ◆ Jeesus varoitti, että hänen opetuslapsiaan vihattaisiin hänen nimensä tähden – Matt. 10:22
- ◆ Jeesus lupasi yltäkylläisen palkkion kaiken sen

Isän tunteminen

korvaamiseksi, josta opetuslapset hänen nimensä tähden luopuivat – Matt. 19:29

◆ Pietaria ja Johannesta kiellettiin saarnaamasta ja opettamasta Jeesuksen nimessä – Ap. t. 4:18 ja 5:28

◆ Pietari ja Johannes iloitsivat siitä, että olivat arvollisia kärsimään tuon nimen tähden – Ap. t. 5:41

◆ Pietari ja Johannes saarnasivat anteeksiantoa Jeesuksen nimen kautta – Ap. t. 10:43

◆ seurakunta koostui kaikista, jotka huusivat avuksi tuota nimeä – Ap. t. 9:14,21

◆ Paavali ajoi ulos riivaajan Jeesuksen nimessä – Ap. t. 16:18

◆ ihmeiden kautta tuo nimi kirkastettiin – Ap. t. 19:17

◆ joka huutaa avuksi tuota nimeä, pelastuu – Room. 10:13.

Nimi paljastaa Jumalan luonnon

Kun Vanhaa testamenttia luetaan nykyään, saatamme ihmetellä, miksi Jesajan kirjan jakeen 30:27 kaltaisissa kohdissa kerrotaan, että "Herran nimi saapuu" sen sijaan että sanottaisiin "Jumalan saapuvan".

Täytyy pitää mielessä, että "nimeen" tiivistyi kaikki, mitä sen kantajasta tiedettiin ja että sen vuoksi "nimellä" viitataan Raamatussa Jumalan *koko paljastettuun luontoon*. "Nimi" viittaa siis Jumalaan hänen äärettömän voimansa, pyhyytensä, armonsa, rakkautensa jne. ikuisessa täyteydessä.

Tämä ajatus voidaan havaita 2. Mooseksen kirjan jakeessa 33:12. Siinä Mooses ilmaisi sen, että Jumala tuntee hänet syvällisesti ja läheisesti, sanomalla, että Jumala "tunsi hänet nimeltä".

Sama ajatus on ilmeinen myös 2. Mooseksen kirjan jakeessa 3:13. Siinä Mooses kysyi Jumalalta tämän nimeä, niin että hän voisi paljastaa Jumalan luonnon Israelin kansalle.

Jumalan nimi

Samankaltainen ajatus voidaan löytää myös kohdista Ps. 22:22; Joh. 17:6 ja Ap. t. 9:15.

Psalmeissa Jumalan nimi yhdistetään useisiin eri ilmauksiin, jotka paljastavat jotakin Jumalan toiminnasta. Hänen nimensä liitetään esimerkiksi hänen:

- vanhurskauteensa – Ps. 89:15–16 (v. 1933 käännös)
- uskollisuuteensa – Ps. 89:24
- pelastukseensa – Ps. 96:2 (v. 1933 käännös)
- pyhyyteensä – Ps. 99:3
- hyvyyteensä – Ps. 100:4–5
- armoonsa – Ps. 109:21 (v. 1933 käännös)
- rakkauteensa – Ps. 138:2
- totuuteensa – Ps. 138:2 (v. 1933 käännös)
- ylhäisyyteensä – Ps. 148:13.

Yleisin Jumalan nimeen yhdistetty sana Raamatussa on "pyhä". Tämän vuoksi se onkin ensisijainen tapa, jolla Jumalan luontoa kuvataan. Esimerkkejä tästä löytyy kohdista Ps. 33:21, 103:1, 105:3; Hes. 36:21 ja 39:7.

Sitä totuutta, että Jumalan nimi paljastaa hänen luontonsa, korostetaan Vanhassa testamentissa antamalla ymmärtää, että hänen:

- nimeänsä voidaan pilkata – Jes. 52:5
- nimellensä voidaan tuottaa häpeää – Jer. 34:16
- nimeään vastaan voidaan rikkoa – Sananl. 30:9.

Toisaalta taas Jumalan kansa voi esimerkiksi:

- rakastaa hänen nimeään – Ps. 5:11 (v. 1933 käännös)
- kiittää hänen nimeään – Joel 2:26 (v. 1933 käännös)
- vaeltaa hänen nimessään – Miika 4:5 (v. 1933 käännös)
- pitää hänen nimensä kunniassa – Mal. 3:16 (v. 1933

33

Isän tunteminen

    käännös)
- odottaa hänen nimeään – Ps. 52:9 (v. 1933 käännös)
- ylistää hänen nimeään – Ps. 54:6
- pelätä hänen nimeään – Mal. 4:2
- huutaa avuksi hänen nimeään – Ps. 99:6
- julistaa hänen nimensä kunniaa – Jes. 12:4
- siunata hänen nimeään – Ps. 113:1–2.

Nimi todistaa Jumalan läsnäolon

Jotkut nykyihmiset ihmettelevät, mitä eroa on sillä, että "huudetaan avuksi Jumalan nimeä" verrattuna siihen, että "huudetaan avuksi Jumalaa". Raamatussa "nimi" todistaa aina myös henkilön aktiivisesta läsnäolosta koko siinä täyteydessä, mitä hänen luonnostaan on paljastettu. Esimerkiksi 1. Kuningasten kirjan jakeessa 18:24 Elia ehdotti "nimien" välistä kilpailua (ks. v. 1933 käännös) – jumalien täytyi todistaa olevansa todellisia siinä hetkessä tapahtuvalla henkilökohtaisella toiminnalla.

Tämä sama ajatus ilmenee myös kohdissa, joissa "nimellä" viitataan Jumalan maineeseen. Kun Jumala toimii "nimensä tähden", hän puuttuu asioihin suojellakseen mainettaan – ks. esimerkiksi Ps. 79:9–10 ja Hes. 36:21–23. Jos Jumalan nimi vedetään mukaan johonkin, hän puuttuu henkilökohtaisesti tuohon asiaan ja toimii itse henkilökohtaisesti – kuten kohdassa 2. Moos. 34:14.

Neljännen Mooseksen kirjan jae 6:27 opettaa, että jumalallisen siunauksen välittämiseen kuuluu Jumalan nimen laskeminen jonkun ylitse (vrt. v. 1933 käännös) – tätä käsitellään tarkemmin *Hengen miekka* -kirjasarjan osan *Palveleminen Hengessä* luvussa 10. Siunaaminen on siis Jumalan aktiivisen läsnäolon välittämistä koko siinä täyteydessä, mitä hänen luonteestaan on paljastettu.

Jumalan nimi

Uudessa testamentissa puhutaan usein kastamisesta Jeesuksen "nimeen" – kuten kohdissa Ap. t. 2:38 ja 10:48. *Hengen miekka* -kirjasarjan osan *Jumalan kirkkaus seurakunnassa* luvussa 10 selvennetään, että kaste nojaa täysin Jumalan arvovaltaan ja että se on hengellisesti merkityksellinen ainoastaan Jumalan henkilökohtaisen läsnäolon ja toiminnan kautta.

Jaettu yhteinen nimi

Nimen antaminen on läpi historian ollut merkkinä nimen antajan ja sen saajan liittämisestä yhteen. Jesajan kirjan jae 4:1 osoittaa, että jo Jesajan aikaan vaimo sai aviomiehensä nimen, ja kohdat 5. Moos. 28:9–10 sekä Jes. 43:7, 63:19 ja 65:1 paljastavat, että Israelista tuli pyhän Jumalan pyhä kansa siksi, koska heidät oli otettu hänen pyhään nimeensä.

Jeremian kirjan jakeessa 14:9 jaettuun yhteiseen nimeen perustuen vedotaan siihen, että Jumala pelastaisi Israelin (vrt. v. 1933 käännös). Lisäksi jae 15:16 paljastaa, että jaettu yhteinen nimi on profeetan henkilökohtaisen jumalasuhteen perustus (vrt. v. 1933 käännös).

Vanhassa testamentissa Jumalan nimen alle on otettu myös:

- Jerusalem – Jer. 25:29 ja Dan. 9:18
- temppeli – Jer. 32:34
- liitonarkku – 2. Sam. 6:2.

Tämä jumalalliseen nimeen ottaminen on osoitus aidosta läheisyydestä itsensä Jumalan pyhän luonnon ja läsnäolon kanssa. Tulisikin olla selvää, että tällä on merkittäviä seurauksia kristityille uskoville.

Uusi testamentti opettaa, että uskovat on kastettu "hänen nimeensä". Tämä havaitaan esimerkiksi kohdissa Matt. 28:19; Ap. t. 8:16 ja 1. Kor. 1:13–15. Tätä ajatusta tähdennetään lisäksi Jaakobin kirjeen jakeessa 2:7, jossa viitataan epäsuorasti liittoon, uuden omistajuuden alle siirtymiseen, uskollisuuteen ja yhteyteen.

Isän tunteminen

Jos kerran Jumala on antanut meille oman nimensä, tarkoittaa se sitä, että meidän tulisi jakaa myös hänen jumalallinen luontonsa ja hänen jumalallinen läsnäolonsa. Tarkastellessamme Jumalan nimeä yksityiskohtaisesti emme saa koskaan unohtaa, että juuri tuohon nimeen meidät on kastettu. Jumalan ihmeellinen luonto ja läsnäolo on hänen armontäyteinen lahjansa, Pyhä Henki, joka annetaan kaikille niille, jotka tulevat Isän luo hänen Poikansa, Jeesuksen Kristuksen, kautta.

Kolme "juuritason" nimeä

Jumalasta käytetään kolmea kantanimeä tai "juuritason" nimeä. Kaikki muut hänen jumalalliset nimensä perustuvat yhdelle tai useammalle näistä kolmesta kantanimestä.

1. Elohim

Vanhassa testamentissa Jumalasta käytetään yli 2 500 kertaa heprean kielen sanaa *Elohim*. Suomenkielisissä raamatunkäännöksissä *Elohim* on yksinkertaisesti käännetty sanalla "Jumala". Tämä voidaan havaita esimerkiksi kohdassa 1. Moos. 1:1–2.

On mahdotonta tietää, mitä *Elohim* alun perin tarkalleen ottaen tarkoitti, mutta on selvää, että se liittyy jotenkin "mahtiin", "valtaan" ja "voimaan". Voidaankin siis sanoa, että se viittaa ehdottomaan, täydelliseen, rajattomaan voimaan ja persoonaan.

Heprean kielessä *Elohim* on monikollinen sana, mutta sen kanssa käytetään aina yksikkömuotoista verbiä. Jos tätä haluttaisiin noudattaa sanatarkasti nykyään, tulisi sanoa "Jumala, he on vahva". Jotkut nykykäännökset heijastelevatkin tätä jakeen 1. Moos. 1:26 kaltaisissa kohdissa. Mielenkiintoista on, että vaikka sanan *Elohim* sukulaissanoja esiintyy muissakin seemiläisissä kielissä, niissä ne ovat aina yksikkömuodossa.

Tästä voidaan päätellä, että Vanhassa testamentissa aivan tarkoituksella käytetään sanaa *Elohim* em. tavalla, niin että jo

Jumalan nimi

aivan Raamatun ensilehdiltä voidaan antaa ymmärtää, että Jumala on "yksi mutta enemmän kuin yksi".

Raamatussa käytetään joskus myös sanan *Elohim* lyhennettyä muotoa *El* (esim. kohdassa Ps. 19:1), ja sekin on yleensä käännetty sanalla "Jumala", vaikka se voikin tarkoittaa myös "mahtavaa". Sanan *Elohim* yksikkömuotoa *Eloah* taas käytetään 5. Mooseksen kirjan jakeissa 32:15–17.

Jumalan vahvan, voimakkaan ja mahtavan luonnon tiettyjä erityisiä piirteitä paljastetaan läpi Vanhan testamentin lisäämällä sanojen *Elohim* tai *El* perään muita heprean kielen sanoja. Jumala on esimerkiksi:

- *Elohim Qodesh* – pyhä, Joos. 24:19 ja Jes. 57:15
- *Elohim Tsur Yesha* – pelastuksen kallio, 2. Sam. 22:47 (v. 1933 käännös)
- *Elohim Tsur Israel* – Israelin turvakallio, 2. Sam. 23:3
- *Elohim Maoz* – turva, Ps. 43:2
- *Elohim Melek* – kuningas, Ps. 44:4
- *Elohim Olam* – ikuinen, Jes. 40:28
- *Elohim Erets* – koko maanpiirin Jumala, Jes. 54:5
- *Elohim Magen* – kilpi, Ps. 84:9
- *Elohim Machceh Metsudah* – turva ja linna, Ps. 91:2 (v. 1933 käännös)
- *Elohim Emeth* – totinen Jumala, Jer. 10:10 (v. 1933 käännös)
- *El Elyon* – Korkein Jumala, 1. Moos. 14:19
- *El Roi* – Jumala joka näkee kaiken, 1. Moos. 16:13
- *El Shaddai* – kaikkivaltias huolenpitäjä, 1. Moos. 17:1
- *El Qanna* – kiivas, 2. Moos. 20:5
- *El Channun Rachum* – anteeksiantava ja laupias, Neh. 9:31

Isän tunteminen

- *El Gibbur* – väkevä, Neh. 9:32
- *El Aman* – uskollinen, 5. Moos. 7:9 (v, 1933 käännös)
- *El Emunah* – uskollinen (luotettava), 5. Moos. 32:4
- *El Chay* – elävä, Joos. 3:10
- *El Deah* – kaikkitietävä, 1. Sam. 2:3 (v. 1933 käännös)
- *El Yeshua* – apu (pelastus), Ps. 68:19
- *El Moshaoth* – vapahtaja, Ps. 68:20 (v. 1933 käännös)
- *El Asah Pele* – ihmeitä tekevä Jumala, Ps. 77:14
- *El Shamayim* – taivaan Jumala, Ps. 136:26
- *El Tsaddiq* – vanhurskas, Jes. 45:21
- *Elah Elahin* – jumalien jumala, Dan. 2:47.

Kantasana *Elohim* sisältyy kaikkiin näihin nimiin. Kun siis esimerkiksi Psalmin 68 jakeessa 20 Jumalaa kutsutaan nimellä *El Yeshua*, pelastuksen Jumala, tarkoittaa tämä, että hänen pelastuksensa on täynnä voimaa ja valtaa – se on ehdoton, täydellinen, rajaton ja kaiken voittava pelastus.

Ja kun Psalmin 77 jakeessa 14 hänestä käytetään nimeä *El Asah Pele*, ihmeitä tekevä Jumala, tämä nimi paljastaa yksiselitteisesti, että hänen ihmeitä tekevä voimansa on ehdotonta – siihen ei sisälly minkäänlaisia edellytyksiä tai rajoituksia.

2. Jahve
Jahve – *Yahweh* tai *Jehova* – on Jumalan yleinen nimi, ja sitä voidaankin pitää hänen erisnimenään tai henkilökohtaisena nimenään. Sitä käytetään Vanhassa testamentissa yli 6 800 kertaa, 1. Mooseksen kirjan jakeesta 2:4 aina Malakian kirjan jakeeseen 4:5. Joissakin vanhoissa raamatunkäännöksissä käytetään joskus sanoja *Jahve* tai *Jehova*, kun halutaan korostaa, että kyseessä on Jumalan henkilökohtainen nimi, mutta useimmissa nykykäännöksissä se on ilmaistu sanalla

Jumalan nimi

Herra. (Englanninkielisissä nykykäännöksissä sana Herra, Lord, on tässä yhteydessä yleensä kirjoitettu kokonaan isoilla kirjaimilla, mutta suomenkielisissä käännöksissä tätä ei esiinny. Suom. huom.)

Alkuperäisessä heprean kielen muodossa Jumalan nimi kirjoitettiin "YHWH". Tästä "nelikirjaimisesta" nimestä käytetään myös nimitystä "tetragrammi". Varhainen heprean kieli perustui konsonanteille, eikä sen kirjoitetussa kielessä käytetty lainkaan vokaaleja – NN HPRLST KRJTTVT (näin heprealaiset kirjoittivat). Oppineet ovat eri mieltä siitä, kuinka tetragrammi alun perin lausuttiin, kun siihen puheessa lisättiin myös vokaalit. Sekä kristityt että juutalaiset ovat yhä edelleen epävarmoja sanan oikeasta lausuntatavasta. Kristityt ovat erityisesti menneinä aikoina esittäneet, että oikea lausuntatapa olisi *Jehova*, kun taas juutalaiset ovat perinteisesti pitäneet kiinni *Jahvesta*.

Se kuitenkin tiedetään, että myöhemmän Vanhan testamentin aikaisen juutalaisen perinteen mukaan juutalaiset eivät lukeneet kyseistä tetragrammia ääneen lainkaan, koska sitä kunnioitettiin Jumalan pyhänä nimenä. He sen sijaan korvasivat sen sanalla *Adonai*. Lisäksi tiedetään, että masoreetit – 600–1000-luvulla vaikuttaneet jäljentäjät ja oppineet, jotka tallensivat heprealaisen Raamatun alkuperäisen tekstin ja lisäsivät siihen vokaalit – lisäsivät tetragrammiin sanan *Adonai* sisältämät vokaalit. Tätä he eivät tehneet lausumisen helpottamiseksi vaan muistuttaakseen lukijoita siitä, että heidän tulisi tekstiä lukiessaan käyttää sanaa *Adonai*.

Tämän masoreettisen käytännön mukaan kyseinen sana kirjoitettaisiin muodossa *Yehowah*, ja oppineet ovatkin esittäneet, että sana *Jehova* syntyi sen seurauksena, että sanan *Adonai* sisältämät vokaalit virheellisesti luettiin konsonanttien YHWH kanssa. *Jehova* on kuitenkin paljon myöhäisempi muunnos vasta 1500–1600-luvuilta. Sen kehittivät englantilaiset kääntäjät, jotka eivät tunteneet juutalaista traditiota. *Jahve* on luultavasti lähempänä todellista heprealaista tapaa lausua Jumalan henkilökohtainen nimi, ja tämän vuoksi sitä tässä *Hengen miekka* -kirjasarjassa pääosin

Isän tunteminen

käytetäänkin. *Jehova* on parhaimmillaankin ainoastaan hyväksyttävä tapa lausua Jumalan nimi, ei muuta.

Jahve on monimerkityksinen muoto verbistä "olla", ja se voikin tarkoittaa joko "olen kuka olen", "olin kuka olin" tai "olen oleva kuka olen oleva". Tähän nimeen viitataan varsin selvästi Ilmestyskirjan jakeessa 4:8.

Jahve on yksikkömuodossa oleva sana. Se on nimi, jota Jumala käytti itsestään ilmestyessään Moosekselle 2. Mooseksen kirjan kohdissa 3:14 ja 6:2–6. Nämä jakeet osoittavat, että Jumalan perusolemukseen kuuluu, että hän on kansalleen juuri sitä mitä se milloinkin tarvitsee, jotta hän voisi täyttää kansansa tarpeet. Tämä ajatus on myös selkeästi havaittavissa Jeesuksen "minä olen" -puheissa kohdissa Joh. 6:35,51, 8:12, 10:7,9, 10:11,14, 11:25, 14:6 ja 15:1–5.

Jumalaa kutsutaan usein nimellä *Jahve Elohim*, Herra Jumala, ja tämä punoo yhteen hänen ehdottoman voimansa ja hänen henkilökohtaisen tahtonsa, hänen moninaisuutensa ja hänen yksettynsä yhteen jumalalliseen olentoon. Tämä havaitaan esimerkiksi kohdissa 1. Moos. 3:1; 1. Kun. 8:15 ja Miika 1:2.

Aivan kuten nimen *Elohim* kohdalla, myös nimeen *Jahve* yhdistetään eri heprean kielen sanoja Jumalan luonnon eri puolten korostamiseksi. Jumalaa kutsutaan esimerkiksi Herraksi, joka:

- pitää huolen – *Yahweh Yireh*, 1. Moos. 22:14 (Suomenkielisessä Raamatussa kyseisessä jakeessa käytetään nimen nimen *Yahweh Yireh* toista merkitystä, Herra katsoo. Suom. huom.)

- parantaa – *Yahweh Rapha*, 2. Moos. 15:26

- on sotalippu – *Yahweh Nissi*, 2. Moos. 17:15

- pyhittää – *Yahweh M'qaddishkhem*, 2. Moos. 31:13

- antaa rauhan – *Yahweh Shalom*, Tuom. 6:24

- omistaa sotajoukkoja – *Yahweh Sabaoth*, 1. Sam. 1:3

Jumalan nimi

- on paimen – *Yahweh Rohi*, Ps. 23:1
- on vanhurskaus – *Yahweh Tsidkenu*, Jer. 23:6
- on täällä – *Yahweh Shammah*, Hes. 48:35.

3. Adonai

Adonai on Jumalasta käytetyistä kolmesta kantasanasta selvästi kaikista vähiten yleisin. Se esiintyy Vanhassa testamentissa noin 350 kertaa, ja se on käännetty suomenkielisiin Raamattuihin sanalla "Herra" – kuten kohdassa Jes. 6:1.

Adonai viittaa Jumalan ainutlaatuisen arvovaltaan ja osoittaa, että Jumala on "se, jota tulee totella". Israelissa orjat, vaimot ja alamaiset käyttivät sanaa *Adonai* puhutellessaan isäntiään, aviomiehiään ja kuninkaitaan tai puhuessaan heistä. Olikin siis luonnollista, että *Adonai* oli myös se sana, jota he käyttivät puhuessaan Jumalalleen tai Jumalastaan.

Sanaa *Adonai* käytetään Vanhassa testamentissa usein yhdessä joko *Jahven* tai *Elohimin* kanssa. Esimerkiksi:

- *Adonai Yahweh* esiintyy noin 200 kertaa, ja se on usein käännetty sanoilla "Herra Jumala" – kuten kohdassa 1. Moos. 15:2 ja Hes. 2:4

- *Adonai* liitetään sanaan *Elohim* noin 15 kohdassa, ja sekin on yleensä käännetty sanoilla "Herra Jumala" – kuten kohdassa Dan. 9:3

- *Adonai, Jahve* ja *Elohim* esiintyvät kaikki kolme yhdessä vain kohdissa Aam. 3:13 ja 2. Sam. 7:28. Jälkimmäisessä on kyse Daavidin todistuksesta: "Herra, Herra, sinä olet Jumala" (v. 1933 käännös). Tämä voitaisiin muotoilla uudelleen muotoon: "Hallitsija *Jahve*, sinä olet kaikkivoipa Jumala."

Kantanimet

Tiivistetysti sanottuna *Elohim* osoittaa yleensä Jumalan ylivertaiseen voimaan, *Jahve* ilmaisee useimmiten Jumalan läsnä olevaa, henkilökohtaista läsnäoloa ja tahtoa ja *Adonai*

Isän tunteminen

taas viittaa tavallisesti Jumalan ainutlaatuiseen arvovaltaan yli miesten ja naisten.

Ne Vanhan testamentin kohdat, joissa Jumalaa kutsutaan ainoastaan nimellä *Elohim*, tuntuvat keskittyvän hänen "kaiken ylittävään" luontoonsa – hänen olemuksensa aineettomiin ja ylimaallisiin puoliin. Tällaisissa kohdissa hänet nähdään taivaan ja maan Jumalana, joka puhuu ihmisille pääosin unien ja viestinviejien välityksellä.

Ne jakeet, joissa Jumalasta käytetään nimeä *Jahve*, taas tuntuvat painottavat hänen luontonsa "meidän kanssamme" -puolta. Juuri *Jahve* puhuu ihmisten kanssa henkilökohtaisesti, täyttää henkilökohtaisesti heidän tarpeensa ja on selvästi Israelin oma kansallinen Jumala.

Ja niissä jakeissa, joissa Jumala nimetään *Adonaiksi*, keskitytään siihen henkilökohtaiseen suhteeseen, joka ihmisillä Herransa – omistajansa, puolisonsa ja kuninkaansa – kanssa on. Miehet ja naiset kutsuvat Jumalaa toistuvasti sanoilla "minun *Adonai*". Vaikka hän onkin kaikkivoipa ja kaiken yläpuolella ja vaikka hän on kiistatta oma persoonansa ja riippumaton muista, hän on myös *"minun Herrani"*.

Neljä "runkotason" nimeä

Edellä käsiteltiin useita niistä raamatullisista Jumalan nimistä, jotka perustuvat sanoille *Elohim* ja *Jahve*. Useimmat näistä nimistä esiintyvät Vanhassa testamentissa ainoastaan kerran tai kahdesti.

Neljää niistä käytetään kuitenkin varsin usein. Näitä neljää voitaisiinkin pitää "runkotason niminä, jotka kasvavat juuritason nimistä". Ne paljastavat oleellisia puolia Jumalan luonnosta ja olemuksesta.

1. *Yahweh Sabaoth* – "voimallinen" Jumala

Jumalaa kutsutaan Raamatussa nimellä *Yahweh Sabaoth* noin 200 kertaa. Suomenkielisissä raamatunkäännöksissä kyseinen nimi on yleensä käännetty sanoilla "Herra Sebaot",

Jumalan nimi

englanninkielisissä taas sanoilla "the Lord of Hosts" eli "sotajoukkojen Jumala". Tämä nimi ilmaisee, että Jumala henkilökohtaisesti johtaa suurta ja mahtavaa taivaallista sotajoukkoa. Se on sotilaallinen nimi, joka todistaa, että Jumala on suuri johtaja. Se tuo esiin hänen luontonsa puolen, joka sotii taisteluita, kukistaa vihollisetja perustaa valtakunnan.

Kaikista useimmin tätä nimeä käyttää kuningas Daavid, kuten kohdassa 1. Sam. 17:45, ja se esiintyy kaikista eniten Samuelin kirjoissa, Kuninkaiden kirjoissa, Aikakirjoissa, Psalmien kirjassa sekä niiden varhaisten profeettojen kirjoissa, jotka julistivat sanomaansa silloin, kun kuninkaat hallitsivat Israelia ja Juudaa.

Kyseinen nimi löytyy esimerkiksi kohdissa 2. Sam. 5:10, 6:2,18; 1. Kun. 18:15; 1. Aik. 11:9; Ps. 24:10, 46:7, 84:3, 89:8; Jes. 1:24, 6:3, 10:26, 13:13, 24:23, 29:6, 47:4, 51:15; Jer. 10:16, 32:18, 51:14; Hoos. 12:5; Nah. 2:13; Sef. 2:10; Hagg. 2:7–9; Sak. 9:15, 13:7 ja Mal. 3:10.

Monet muutkin nimet ilmaisevat samankaltaisia, Jumalan sotilaallisen luonnon piirteitä. Esimerkiksi:

- voima – Ps. 18:1, 59:9,17, 81:1, 92:15, 116:5, 129:4; Jes. 12:2; Jer. 16:19 ja Hab. 3:19
- väkevä – 1. Moos. 49:24; Ps. 132:2 ja Jes. 49:26
- soturi – 2. Moos. 15:3 ja Sef. 3:17
- sotalippu – 2. Moos. 17:15
- väkevä ja pelottava – 5. Moos. 10:17
- voittoisa miekka – 5. Moos. 33:29
- sodan Herra – 1. Sam. 17:47
- kunnia ja voima – 1. Aik. 16:28
- urhoollinen – Ps. 24:8
- koston Jumala – Jer. 51:56
- auttaja – Ps. 18:2.

Isän tunteminen

2. El Elyon – "suojeleva" Jumala

El Elyon on yleensä käännetty sanalla "Korkein". Se paljastaa Jumalan olemuksen puolen, joka palvelee Jumalan kansaa suojelemalla sitä väkevästi kaikenlaisesta pahalta. Siihen sisältyy ajatus äärettömästä korkeudesta ja voimasta.

Tätä nimeä käytetään ensimmäisen kerran 1. Mooseksen kirjan jakeessa 14:18 Melkisedekin yhteydessä, joka oli "Korkeimman Jumalan pappi". Sen jälkeen se esiintyy Vanhassa testamentissa vielä noin 50 kertaa. Nimeä *El Elyon* käytetään esimerkiksi kohdissa 1. Moos. 14:18–22; 4. Moos. 24:16; 5. Moos. 32:8; Ps. 7:17, 21:7, 57:2, 82:6, 92:1 ja Dan. 7:15–27.

Vaikka *El Elyon* onkin kaikista vähiten yleisin näistä neljästä "runkotason" nimestä, Jumalan luonnon tähän puoleen liittyy niin monta muuta Jumalan nimeä, että "suojeleminen" on juuri se raamatullinen piirre, joka kaikista useimmin yhdistetään Jumalan nimeen ja luontoon. Tämä havaitaan seuraavissa nimissä:

- kilpi – 5. Moos. 33:29
- tuki – 2. Sam. 22:19
- (turva)kallio – 2. Sam. 23:3
- (vuori)linna – Ps. 18:2
- pelastaja – Ps. 24:5
- turva – Ps. 31:4, Ps. 61:2–6
- suojelija – Ps. 31:23
- turva/linna – Ps. 43:2
- turvapaikka – Ps. 59:9–17
- vahva torni – Ps. 61:3 (v. 1933 käännös)
- pyhäkkö – Jes. 8:13–14 (v. 1933 käännös)
- puolustaja – Jes. 51:22
- pakopaikka – Jer. 16:19.

Jumalan nimi

3. El Qodesh – "täydellinen" Jumala

Nimellä *El Qodesh* tai *Qodesh* Jumalaa kutsutaan Vanhassa testamentissa noin 60 kertaa. Se on yleensä käännetty suomenkielisiin Raamattuihin sanoilla "pyhä Jumala" tai "Israelin Pyhä".

Jumala paljasti tämän luontonsa pyhän ja "erotetun" puolen 3. Mooseksen kirjan kohdassa 11:44-45. Tämä perusnimi osoittaa, että Jumalan ikuinen, luomaton luonto ja moraalinen täydellisyys erottavat hänet kaikesta luodusta. Nimeen *El Qodesh* sisältyy ajatus, että moraalisesti vajavaiset ihmiset eivät voi lähestyä Jumalaa.

Tämä nimi esiintyy kaikista useimmin 3. Mooseksen kirjassa, Psalmien kirjassa sekä Jesajan ja Hesekielin kirjoissa, esimerkiksi kohdissa 3. Moos. 19:2, 20:26, 21:8; Ps. 71:22, 89:18; Jes. 1:4, 12:6, 29:23, 30:15, 43:3, 47:4, 49:7, 57:15; Jer. 51:5; Hes. 39:7 ja Hoos. 11:9.

Jumalan "erotetun olemuksen" ja "ehdottoman moraalisen täydellisyyden" eri puolia on havaittavissa seuraavissa nimissä:

- tuomari – 1. Moos. 18:25
- pyhittäjä – 2. Moos. 31:13 (v. 1933 käännös)
- pilvi – 4. Moos. 9:15-21
- polttava tuli – 5. Moos. 4:24
- uskollinen – 5. Moos. 32:4
- kiivas – Joos. 24:19
- taivaallinen – 2. Aik. 20:6
- tuomari/sovittelija – Ps. 7:8
- vanhurskas – Ps. 11:7
- kirkkauden kuningas – Ps. 24:8-10
- uskollinen/totuus – Ps. 31:5
- häikäisevä ja mahtava – Ps. 76:4

Isän tunteminen

- salattu – Jes. 45:15
- vanhurskas/oikeamielinen – Jes. 45:21.

Jumalan täydellinen puoli on erityisen selvästi havaittavissa siinä, mitä Jahve ilmoittaa itsestään 2. Mooseksen kirjan jakeessa 34:6. Tätä jaetta voidaan pitää Jumalan "vahvistettuna" nimenä, ja niin juutalaisten kuin kristittyjenkin ymmärrys Jumalasta pohjautuu olennaisella tavalla juuri tuolle kyseiselle jakeelle.

Tämä nimi esiintyy myös useissa eri muodoissa läpi Vanhan testamentin – esimerkiksi kohdissa 2. Aik. 30:9; Ps. 86:15, 103:8, 116:5; Neh. 9:17,31; Joel 2:13; Joona 4:2 ja Nah. 1:2.

4. *El Shaddai* – "huolen pitävä" Jumala

Nimi *El Shaddai* on käännetty suomenkielisissä Raamatuissa useimmiten sanalla "Kaikkivaltias". Tämä käännösvaihtoehto ei kuitenkaan istu siihen asiayhteyteen, jossa kyseistä sanaa Vanhassa testamentissa yleensä käytetään.

Sanan *Shaddai* tai siitä johdettujen sanojen alkuperäinen merkitys ei ole tiedossa. Jotkut väittävät, että kyseinen sana on lähtöisin akkadin kielen "vuorta" tarkoittavasta sanasta, ja perustelevat tällä sanan "Kaikkivaltias" käyttöä. Toiset taas ovat sitä mieltä, että sana on peräisin aramean kielen "kaatamista" tarkoittavasta sanasta, ja muutamat ovat huomauttaneet, että *Shaddai* muistuttaa heprean kielen "rintaa" tarkoittavaa sanaa. Lisäksi on niitä, joiden mukaan *shaddai* saattaa olla sukua alkukantaiselle heprealaiselle kantasanalle *shadad*, joka tarkoittaa "käsitellä väkivalloin", "vaurioittaa", "tuhota", "tärvellä", "hävittää" tai "pilata". Tällöin *El Shaddai* tarkoittaisi Jumalaa, joka ilmaisee itsensä voimallisten tekojensa kauheudessa.

Septuagintassa – Vanhan testamentin kreikankielisessä versiossa – *El Shaddai* käännettiin sanalla "Riittävä", ja se vaikuttaa erittäin sopivalta ottaen huomioon, että *El Shaddaita* käytetään Vanhassa testamentissa lähes aina sellaisessa asiayhteydessä, jossa puhutaan Jumalan ylitsevuotavasta, hänen liitossaan ilmenevästä huolenpidosta.

Jumalan nimi

Tämä "runkotason" nimi itse asiassa juurikin esittää Jumalan ylivertaisena huolenpitäjänä. Sitä käytettiin ensimmäisen kerran 1. Mooseksen kirjan jakeissa 17:1-5, joissa Jumala esitteli itsensä Abrahamille ja lupasi pitävänsä huolen siitä, että Abraham saisi suuren perheen. Sitä käytetään Vanhassa testamentissa noin 50 kertaa, pääosin 1. Mooseksen kirjan sekä Ruutin ja Jobin kirjan kaltaisissa kirjoissa, jotka keskittyvät Jumalan huolenpitoon, joka ilmenee hänen liitossaan. Nimi *El Shaddai* voidaan löytää esimerkiksi kohdista 1. Moos. 28:3, 35:11, 43:14, 48:3, 49:25; 2. Moos. 6:3; 4. Moos. 24:4, 24:16; Ruut 1:20-21; Job 5:17, 8:5, 21:20, 22:17, 27:10-13, 31:2, 33:4; Ps. 91:1 sekä Hes. 1:24 ja 10:5.

Jumalan luonnon huolenpitävä puoli tulee esiin myös seuraavista nimistä:

- huolenpitäjä – 1. Moos. 22:14 (suomenkielisessä Raamatussa "Jumala katsoo", mikä on kyseisen sanan toinen merkitys, suom. huom.)

- lamppu – 2. Sam. 22:29

- Luoja – Job 4:17

- kaikki hyvä – Ps. 16:2 (vrt. v. 1933 käännös)

- malja – Ps. 16:5 (v. 1933 käännös)

- neuvonantaja – Ps. 16:7

- valo – Ps. 27:1

- lohduttaja – Jes. 51:12

- lähde – Jer. 17:13

Kaksitoista "oksatason" nimeä

Edellä on havaittu, että Jumalasta käytetään kolmea "juuritason" nimeä tai kantanimeä, jotka esiintyvät Vanhassa testamentissa tuhansia kertoja ja jotka painottavat hänen ylimaallisuuttaan, läsnä olevaa puoltaan sekä arvovaltaansa: *Elohim*, *Jahve* ja *Adonai*. Lisäksi tarkasteltiin neljää "runkotason" nimeä,

Isän tunteminen

jotka paljastavat Jumalan olemuksen olennaisimmat puolet: *Yahweh Sabaoth*, *El Elyon*, *El Qodesh* ja *El Shaddai*. Näiden lisäksi edellä esiteltiin noin 90 nimeä, jotka liittyvät joko kielen tai asiayhteyden perusteella näihin seitsemään nimeen: nämä korostavat Jumalan luonnon tiettyjä erillisiä puolia, ja suurin osa niistä esiintyy Raamatussa vain kerran tai kahdesti.

Lisäksi on kuitenkin olemassa 12 jumalallista nimeä, jotka kaikki esiintyvät Vanhassa testamentissa kymmenisen kertaa. Näitä voitaisiin pitää "oksatason niminä, jotka haarautuvat rungoista ja juurista". Nämä nimet nostavat esiin tärkeitä raamatullisia Jumalan luonnon puolia. Meidän onkin syytä tunnistaa ja pitää mielessä, että Raamattu painottaa niitä erityisellä tavalla. Nämä nimet ovat:

- taivaan ja maan Jumala – 1. Moos. 24:7 ja Joos. 2:11
- tuomari – Tuom. 11:27 (v. 1933 käännös) ja Ps. 7:11
- kuningas – Ps. 47:6 ja Jer. 10:10
- isäsi Jumala – 1. Moos. 46:3 ja 1. Aik. 28:9
- Luoja / kaiken tekijä – Jes. 22:11 ja Jer. 10:16
- kallio – Ps. 18:2 ja 62:2
- kiivas – 2. Moos. 34:14 ja Nah. 1:2 (v. 1933 käännös)
- Israelin Jumala – 2. Moos. 5:1 ja Tuom. 5:3
- kilpi – 2. Sam. 22:31 ja Ps. 115:9–11
- pelastaja – Jes. 43:3 ja 21
- voima – Ps. 59:9 ja Hab. 3:19
- elävä Jumala – 1. Sam. 17:26–36 ja Dan. 6:20–26.

Jumalaa kutsutaan usein myös jonkun tietyn henkilön Jumalaksi. Tämä tuo esiin sitä totuutta, että Jumalaan tutustuminen on pohjimmiltaan suhteeseen perustuva asia: se on henkilökohtaista, ei jonkun muun sanelemaa. Esimerkiksi:

Jumalan nimi

- Abrahamin Jumala – Ps. 47:9 (v. 1933 käännös)
- Jaakobin Jumala – Ps. 20:1
- Daavidin Jumala – Jes. 38:5
- Elian Jumala – 2. Kun. 2:14.

Muita nimiä

Jumalasta käytetään lisäksi noin 200 eri nimeä tai titteliä, jotka esiintyvät Raamatussa vain kerran tai kahdesti ja jotka ilmaisevat jotakin tiettyä Jumalan luonnon puolta. Tässä ei ole mahdollista luetella niitä kaikkia, mutta niihin kannattaa kiinnittää huomiota Raamattua lukiessa – ja pyytää sitten Jumalaa paljastamaan tuo kyseinen hänen luontonsa puoli myös kokemuksen tasolla.

Seuraavassa on pieni joukko näistä Jumalan "vähäisemmistä" nimistä:

- kaiken näkevä Jumala – 1. Moos. 16:13
- ikuinen Jumala – 1. Moos. 21:33
- Jumala, jota Iisak pelkää – 1. Moos. 31:42 (v. 1933 käännös)
- Jumala, joka on yksi – 5. Moos. 6:4 (v. 1933 käännös)
- rauhan (tuova) Jumala – Tuom. 6:24
- kaikkitietävä Jumala – 1. Sam. 2:3 (v. 1933 käännös)
- hallitsija, joka on kaikkea muuta korkeammalla – 1. Aik. 29:11
- oikeuksieni puolustaja – Ps. 4:1 (suomenkielisessä Raamatussa "auttaja", suom. huom.)
- paimen – Ps. 23:1
- elämäni Jumala – Ps. 42:8 (v. 1933 käännös)
- Jumala, minun iloni – Ps. 43:4
- hän, joka antaa minulle toivon – Ps. 62:5

Isän tunteminen

- hän, joka kiitää pilvivaunuilla – Ps. 68:4
- orpojen isä ja leskien puoltaja – Ps. 68:5
- kaiken kuuleva Jumala – Ps. 77:1
- kuunteleva Jumala – Ps. 116:1
- Herra, joka rakentaa Jerusalemin jälleen – Ps. 147:2
- viisauden antaja – Sananl. 2:6
- vuodatettu öljy – Laul. l. 1:3
- ensimmäinen ja viimeisten keskellä – Jes. 41:4
- Salaisuuksien Paljastaja – Dan. 2:29
- Ikiaikainen – Dan. 7:9.

Tässä luvussa on maalattu kuva Jumalan nimistä käyttämällä vertauksellisena apuna mielikuvaa puusta. Luvussa käsiteltiin "juuritason", "runkotason" ja "oksatason" nimiä, ja nimet lajiteltiin sen mukaan, kuinka usein niitä Raamatussa käytetään. Tämä auttaa meitä ymmärtämään paremmin Raamatun eri painotuksia ja käsittämään, että jotkut yleisessä käytössä olevat nimet (kuten esimerkiksi "Jumala, joka parantaa") esiintyvät Raamatussa harvoin, kun taas jotkut vähemmän tunnetut nimet (kuten "kallio") ovat itse asiassa paljon yleisempiä Raamatussa. On kuitenkin syytä pitää mielessä, että:

- Jumalan ikuisen, äärettömän ja kuolemattoman luonnon vuoksi hän on kaikkia hänen nimiään kaiken aikaa

- eri nimien kautta voimme tutustua hänen luontonsa eri puoliin, mutta kaikki nimet kiteytyvät sanontaan "Jumalan nimi"

- kaikki nimet soveltuvat yhtä lailla ja täysin käytettäviksi sekä Isästä, Pojasta että Hengestä – kaikki kolme persoonaa jakavat saman nimen ja luonnon.

Jumalan nimi

Kuvauksia
Joka puolella Raamatun kirjoituksia voidaan löytää ihmeellisen ihania tapoja kuvata Jumalaa. Ne kaikki esiintyvät sellaisessa asiayhteydessä, jossa puhutaan Jumalan suhteesta kansaansa. Palataksemme vielä uudelleen kielikuvaan "puusta" voitaisiin sanoa, että nämä kuvaukset ovat "kukkia", jotka koristavat "elämän puuta". Vaikka ne eivät suoranaisesti olekaan Jumalan nimiä, ne kuvaavat ihanasti hänen luontonsa aikaansaamia asioita – sellaisina kuin hänen kansansa ne kokee.

Jos todella janoamme Jumalan tuntemista – hänen tuntemistaan hänen pyhän nimensä ja luontonsa kaikessa täyteydessä – meidän on hyvä lukea läpi myös joitakin seuraavista kohdista ja syventyä mietiskelemään niitä. Ne paljastavat, millainen Jumala on ja mitä hän tekee kansansa edestä: 2. Moos. 15:11, 34:6–7; 3. Moos. 10:3; 4. Moos. 6:24–27; 5. Moos. 4:35–39, 32:3–4, 32:39–41; 1. Sam. 2:6–10; 2. Sam. 22; 2. Kun. 19:15–19; 1. Aik. 16:8–36, 29:10–19; 2. Aik. 14:10–11, 20:6; Neh. 9:5–38; Job 9:1–13, 11:7, 36:22–37:24, 38:1–39:30; Ps. 36:6–9, 86:15–16, 89:7–8, 91:1–2,14–16, 103:1–6, 104:24–25,34, 136, 145, 146:7–10; Jer. 32:17–20; Dan. 7:9–14 ja Hab. 3:1–19.

Osa 3

Jumalan isyys

Osassa 2 opittiin, että Jumalan "nimi" on pääasiallinen tapa, jolla Jumalasta ilmoitetaan tai paljastetaan asioita Vanhassa testamentissa. Tässä osassa havaitaan, että Uusi testamentti taas on täynnä ajatusta Jumalan "isyydestä". Ymmärrys siitä, että Jumala on pohjimmiltaan "Isä", muovaa ja muokkaa kaikkea Uuden testamentin opetusta. Vanhassa testamentissa Jumalaa kutsutaan "Isäksi" vain neljä kertaa, mutta Uudessa testamentissa hän on "Isä" yli 250 kertaa.

Isä Vanhassa testamentissa

Jotkut raamatunopettajat ovat menneisyydessä ylikorostaneet Vanhan ja Uuden testamentin välisiä eroja ja jättäneet huomiotta ne Vanhan testamentin kohdat, joissa puhutaan Jumalan "isyydestä".

Vanhassa testamentissa Jumalan suhdetta niin Israeliin kokonaisuudessaan kuin myös yksittäisiin juutalaisiin verrataan kuitenkin usein isän suhteeseen lapsiinsa. Tämä havaitaan esimerkiksi kohdissa 5. Moos. 1:31, 8:5 ja Ps. 103:13.

Vielä huomionarvoisempaa on, että Vanhassa testamentissa Jumala selkeästi esitetään:

◆ Israelin Isänä – 5. Moos. 32:6; Jer. 3:4,19 ja 31:9

◆ yksittäisten israelilaisten Isänä – Jes. 63:16, 64:8 ja Mal. 2:10.

Vielä suurempi painoarvo Vanhassa testamentissa annetaan näiden toteamusten seurauksille. Vanhassa testamentissa todetaan esimerkiksi usein, että:

Isän tunteminen

- Israel on "Jumalan poika" – 2. Moos. 4:22–23; Hoos. 11:1; Jer. 3:19, 31:20 ja Ps. 89:27
- yksittäiset juutalaisten ovat Jumalan "lapsia" – 5. Moos. 14:1.

Vanhassa testamentissa myös profetoidaan, jakeessa Jes. 9:6, että Messias on oleva "Väkevä Jumala ja lankaikkinen Isä". Tämä ajatus "messiaanisesta isyydestä" voidaan havaita myös esimerkiksi Psalmeissa 2 ja 89. (Tähän palataan tämän kirjan osassa 5).

Tämän perusteella voidaankin sanoa, että Jumalan isyys on läsnä Vanhassa testamentissa mutta vain yhtenä jumalallisena ominaisuutena monien muiden joukossa. Jumalan isyys ei ollut muita jumalallisia ominaisuuksia oleellisempi seikka juutalaisessa ajattelutavassa – se oli ainoastaan osa sitä yleistä tunnetta, joka ihmisillä oli etuoikeutetusta asemastaan "valittuna kansana". Kuten seuraavaksi huomataan, Jumalan isyyttä alettiin ymmärtää paremmin vasta kaiken Uuden testamentin avaaman uuden ilmoituksen myötä.

Jumala Uudessa testamentissa

Uusi testamentti jakaa Vanhan testamentin perustavan ymmärtää Jumalaa, mutta Uudessa testamentissa keskitytään paljon harvempiin hänen luontonsa puoliin.

Jumalaa kutsutaan usein "Abrahamin, Iisakin ja Jaakobin Jumalaksi", mikä osoittaa, että Jumalan luonto on Uudessa testamentissa samanlainen kuin se oli silloin, kun hän toimi armontäyteisessä liitossa patriarkkojen kanssa. Tämä nimitys löytyy esimerkiksi kohdissa Matt. 8:11, 22:32; Luuk. 20:37 sekä Ap. t. 3:13 ja 22:14.

Ilmestyskirjan jakeissa 1:8 ja 21:6 Jumalaa kutsutaan myös nimellä "A ja O". Tämä nimi korostaa Jumalan luonnon jatkuvuutta. Kuten edellä jo havaittiin, koska Jumala on ikuinen, ääretön ja kuolematon, hän – väistämättä – on myös muuttumaton.

Jumalan isyys

Luoja

Uusi testamentti painottaa, että Jumala on taivaan ja maan luoja ja että hän on tehnyt kaiken. Tämä havaitaan esimerkiksi kohdissa Matt. 19:4; Mark. 10:6, 13:19; Ap. t. 14:15, 17:24,29; Room. 1:20, 11:36; 1. Kor. 8:6, 11:12; Ef. 3:9 ja Ilm. 4:11.

Meitä myös muistutetaan Uudessa testamentissa siitä, ettei luomakunta ole ikuisesti olemassa niin kuin sen Luoja on. Jakeiden Joh. 17:5,24, Ef. 1:4 ja 1. Piet. 1:20 kaltaiset kohdat havainnollistavat sitä Uuden testamentin ajatusta, että Jumala on olemassa erillään luomakunnan aineellisesta todellisuudesta.

Kuningas

Jeesus opetti enemmän valtakunnasta kuin mistään muusta aiheesta, ja tämä viittaa epäsuorasti siihen, että Jumala on kuningas. Jumalan valtakuntaa käsitellään *Hengen miekka* -kirjasarjan osassa *Jumalan hallintavalta*.

Apostolien tekojen jae 4:24 osoittaa, että kuninkuus tai valta nousevat luomisesta: koska Jumala luo, hänellä myös on oikeus hallita. Roomalaiskirjeen jakeet 9:19–21 taas ilmaisevat, että kuninkuus on osa Jumalan luovaa toimintaa.

- Jumalan kuninkuus on havaittavissa myös niissä monissa Uuden testamentin kohdissa, joissa viitataan:

- Jumalan herruuteen – Matt. 4:7,10

- Jumalan valtaistuimeen – Matt. 5:34, 23:22; Ilm. 4:2, 5:1, 20:11 ja 21:5

- Jumalan ylimpään valtaan – 1. Kor. 2:6–8, 15:24; Room. 8:37–39; Kol. 2:15; 1. Tim. 6:15 ja Ilm. 6:10

- Jumalan majesteettisuuteen – Hepr. 1:3, 8:1, 12:2 ja 1. Piet. 3:22.

Tuomari

Ajatus Jumalasta kuninkaana liittyy läheisesti ajatukseen Jumalasta tuomarina.

Isän tunteminen

Ehdoton varmuus siitä, että Jumala on tuomitseva kaikki, on perusolettamuksena Johanneksen saarnojen taustalla kohdissa Matt. 3:7-12 ja Luuk. 3:7-9, kuten myös Jeesuksen opetusten taustalla kohdissa Matt. 7:1-2, 11:22-24, 12:36-37; Luuk. 18:7 ja Joh. 8:16.

Ajatus, että Jumala on tuomari, on myös havaittavissa esimerkiksi Roomalaiskirjeen jakeissa 2:16, 3:6 ja 14:10.

Pelastaja
Vaikka jumalallista arvonimeä "Pelastaja" yleensä Uudessa testamentissa käytetäänkin Jeesuksesta, se liitetään myös – kuten Vanhassa testamentissakin – Jumalaan.

Jumalaa kutsutaan pelastajaksi (tai vapahtajaksi) kohdissa Luuk. 1:47; 1. Tim. 2:3; Tit. 2:10,13, 3:4 ja Juud. 1:25. Lisäksi se ydinajatus, että Jumala pelastaa kansansa, on keskeisessä asemassa Uudessa testamentissa ja perustavanlaatuinen seikka sille, kuinka me kristityt ymmärrämme Jumalaa ja koemme hänet.

Isä
Uuden testamentin ensi sivuilta viimeisiin jakeisiin asti ajatus Jumalasta Isänä esitetään niin usein, että hänen isyydestään on tullut keskeinen piirre kristinuskossa. Itse asiassa sen lisäksi, että Jumala nimetään "Isäksi" yli 250 kertaa Uudessa testamentissa, häntä myös kutsutaan "Isäksi" yhtä lukuun ottamatta kaikissa Uuden testamentin kirjoissa.

Isä mainitaan muun muassa kohdissa Matt. 5:16; Mark. 14:36; Luuk. 11:2; Joh. 14:8; Ap. t. 2:33; Room. 1:7; 1. Kor. 8:6; 2. Kor. 1:3; Gal. 4:6; Ef. 4:6; Fil. 4:20; Kol. 1:12; 1. Tess. 3:11; 2. Tess. 2:16; 1. Tim. 1:2; 2. Tim. 1:2; Tit. 1:4; Filem. 1:3; Hepr. 1:5; Jaak. 1:17; 1. Piet. 1:2; 2. Piet. 1:17; 1. Joh. 3:1; 2. Joh. 1:4; Juud. 1:1 ja Ilm. 3:5.

Jumalan isyys
Jeesus on juurikin se, joka esittää Jumalan isyyden kaikista selvimmällä tavalla. Jeesus ei käyttänyt mitään muuta Jumalan

Jumalan isyys

nimeä niin toistuvasti kuin nimeä "Isä". Vaikuttaa myös siltä, ettei mikään muu jumalallinen nimi hallinnut yhtä paljon hänen ajatuksiaan – olivatpa ne sitten kytköksissä hänen opetuslapsiinsa tai häneen itseensä.

Jeesukselta opimme, ettei isyys ole vain yksi jumalallinen ominaisuus monien muiden joukossa, vaan että se on keskeinen asenne, joka värittää ja muovaa kaikkia muita ominaisuuksia. Yhä uudestaan ja uudestaan Jeesus pohjaa väitteensä ja opetuksensa sille tosiasialle, että Jumala on Isä. Tämä on perusta, jonka varaan monet hänen vertauksistaan ja suurin osa hänen opetuksistaan rakentuvat. Tämä havaitaan esimerkiksi jakeiden Matt. 6:26,32, 7:9–11 ja 10:29–31 kaltaisissa kohdissa.

Tiivistetysti voitaisiin sanoa, että Vanhassa testamentissa Jumala esitellään *Yahweh Elohimina* – Jumalana, joka on "yksi mutta enemmän kuin yksi", "täynnä tahtoa ja voimaa", "täydellinen, suojeleva, huolta pitävä, voimallinen" – ja että Jeesus sitten nivoo *kaikki* nämä puolet yhteen, asettaa ne oikeaan mittakaavaansa ja paljastaa, että Jumala on pohjimmiltaan Isä.

Jumala on Uudessa testamentissakin kaikkea sitä, mitä Vanha testamentti ilmoitti hänen olevan – ja häntä kutsutaankin siellä yhä toisinaan ilmauksella "nimi" –, mutta nyt hänet vihdoinkin paljastetaan "Isä Jumalana". Aivan kuten Vanhassa testamentissa ilmaukseen "nimi" kiteytyi *kaikki se*, mitä Jumalan luonnosta oli Israelille ilmoitettu, samoin ilmaukseen "Isä" kiteytyy Uudessa testamentissa jokainen Jumalaan liittyvä ilmaus ja kokemus Israelissa *sekä lisäksi* kaikki se, mitä Jeesus opetti ja mitä hänessä nähdään.

Jeesus esittelee opetuksissaan kolme Jumalan isyyden puolta.

1. Jumala on koko ihmiskunnan maailmanlaajuinen Isä

Jeesus tekee selväksi, että Jumala on kaikkien ihmisten ja kaikkien kansojen isä. Jumalan isyys ei kuulu rajatusti ainoastaan muutamille harvoille ja valituille. Hänen isälliset

Isän tunteminen

ominaisuutensa ilmaistaan jopa "kiittämättömille ja pahoille". Tämä havaitaan esimerkiksi kohdissa Matt. 5:45 ja Luuk. 6:35.

2. Jumala on kaikkien uskovien lunastava Isä
Jeesus tekee myös selväksi, että Jumala on jollakin erityisellä tavalla uskovien ja opetuslasten Isä. Läpi Uuden testamentin Jumalan ja ihmisten välinen isä–lapsi-suhde on varattu uskoville, ja se on suhde, joka on Jumalan lunastavan toiminnan seurausta. Tämä havaitaan esimerkiksi kohdissa Matt. 6:9,32; Room. 8:28 ja Hepr. 12:5–7.

Kuten kohdat Room. 8:14–17 ja Gal. 4:4–7 osoittavat, Jumalasta tulee uskovan isä adoption kautta – laillisen toiminnan kautta, jossa joku henkilö ottaa pysyvästi perheeseensä jonkun toisen henkilön lapsen ja kohtelee tätä kuin omaa biologista lastaan ja antaa tälle samat oikeudet ja etuoikeudet kuin omalle biologiselle lapselleen. Kreikan kielen "adoptiota" tarkoittava sana on *huiothesia*, ja sanatarkasti se tarkoittaa, että joku "sijoitetaan pojaksi". Hengellisessä mielessä se viittaa siihen, että uudestisyntynyt uskova luetaan Jumalan lapseksi ja hänestä tulee kanssaperijä yhdessä Kristuksen kanssa.

3. Jumala on Jeesuksen ainutlaatuinen Isä
Jeesusta kutsutaan usein "Jumalan ainoaksi Pojaksi". Tällä viitataan epäsuorasti Jumalan ainutlaatuiseen isyyteen suhteessa Jeesukseen. Markuksen evankeliumin jakeessa 1:11 kerrotaan, että Jeesuksen palvelutyö alkoi sillä, että Jumala julisti Jeesuksen olevan hänen Poikansa. Tämä ilmoitus toistuu myös kohdassa Mark. 9:7.

Jeesus ei puhu "meidän Isästämme" tarkoittaessaan itseään ja opetuslapsiaan – sen sijaan hän puhuu "omasta Isästään ja teidän Isästänne", kuten kohdassa Joh. 20:17. Juuri tämä ainutlaatuinen isyyden puoli vaikuttaa niiden toteamusten taustalla, jotka Jeesus lausuu kohdissa Matt. 11:27; Joh. 10:15–18 ja 29–30.

Jumalan isyys

Kolme isyyden puolta

Nämä kolme erillistä Jumalan isyyden puolta ovat havaittavissa myös muualla Uudessa testamentissa.

Ensimmäinen näistä puolista esiintyy kaikista harvimmin, mutta se mainitaan Apostolien tekojen kohdassa 17:28-29.

Toinen näistä puolista voidaan havaita esimerkiksi kohdissa Room. 8:15-17; Gal. 4:6 ja 1. Piet. 1:17. Vaikka jotkin Jumalan isyyden piirteet ovatkin varattuja ainoastaan kristityille, meidän on syytä muistaa, että olemme lapsen asemaan kuuluvien oikeuksiemme hoitajia muun maailman puolesta. Roomalaiskirjeen jakeet 11:25-27 profetoivat, että täysi määrä pakanoita ja täysi määrä israelilaisia tuodaan eräänä päivänä osaksi Jumalan perhettä.

Kolmas puoli on havaittavissa useissa raamatunkohdissa, esimerkiksi jakeissa Room. 15:6; 2. Kor. 11:31; Ef. 1:3 ja 1. Piet. 1:3, jotka osoittavat, että Jumala on ainutlaatuisen Poikansa ainutlaatuinen Isä.

Uskovina meidän tulee olla selvillä näistä kolmesta isyyden puolesta.

- ◆ Meidät, osana ihmiskuntaa, on kutsuttu tuntemaan Isä yleisellä tasolla ja luottamaan siihen, että hän huolehtii ja pitää huolen luomakunnastaan.

- ◆ Meidät, hänen pyhään perheeseensä adoptoidut lapset, on lisäksi kutsuttu tuntemaan hänet henkilökohtaisesti ja läheisesti ja luottamaan hänen pelastukseensa, armoonsa ja toivoonsa.

- ◆ Emme kuitenkaan voi tuntea häntä täysin samalla tavalla kuin Jeesus hänet tuntee, sillä Jumalan isyydessä on sellainen ainutlaatuinen puoli, joka on varattu ainoastaan Jeesukselle.

Isä meidän

Meidän voi nykyään olla vaikea käsittää, kuinka radikaali se rukous olikaan, jonka Jeesus opetti opetuslapsilleen. "Herran rukous" on niin tuttu meille, että pidämme sitä helposti

Isän tunteminen

"perinteisenä" rukouksena. Se oli kuitenkin niin merkittävä ilmoitus Jumalasta, että se mullisti opetuslasten koko ajattelutavan.

Edellä havaittiin, että Jumala tunnettiin Vanhassa testamentissa ensisijaisilla nimillä *El Elyon, Yahweh Sabaoth, El Qodesh* ja *El Shaddai* – nimillä, jotka paljastavat, että Jumala on pohjimmiltaan "suojeleva", "voimallinen", "täydellinen" ja "huolen pitäjä". Kaikki nämä Jumalan luonnon ensisijaiset puolet mainitaan Herran rukouksessa, esimerkiksi:

- sanoilla "Äläkä anna meidän joutua kiusaukseen, vaan päästä meidät pahasta" pyydetään *Jumalan suojelua*

- sanat "Tulkoon sinun valtakuntasi. Tapahtukoon sinun tahtosi" keskittyvät *Jumalan voimaan*

- sanoilla "Pyhitetty olkoon sinun nimesi" ja "Sinun on kunnia" otetaan esiin *Jumalan täydellisyys*

- sanoilla "Anna meille tänä päivänä jokapäiväinen leipämme" ja "Anna meille velkamme anteeksi" anotaan *Jumalan huolenpitoa*.

Tuo rukous ei ollut radikaali sisältönsä vuoksi vaan sen suoruuden vuoksi, jolla se ohjeisti lähestymään Isää sanoilla "Isä meidän". Juuri tällainen asenne suhteessa Jumalaan oli hyvin tyypillistä Jeesukselle.

Herran rukous tekee selväksi, että taivaallinen Isämme on *Yahweh Elohim*, että hän on *El Elyon, Yahweh Sabaoth, El Qodesh* ja *El Shaddai*, että hän on "Nimi" ja niin edelleen. Kyseinen rukous tekee selväksi paitsi sen, että suuri Luoja on "ainoa" perimmäinen Isä, myös sen, että hän on "meidän" läheinen Isämme.

Sanoista "Isä meidän" huokuva läheisyys Jumalan kanssa on vielä ihmeellisempää, kun tarkastellaan, mitä kyseisten sanojen jälkeen sanotaan. Edellä käsitellyn perusteella on varmasti tullut varsin selväksi, että sanoilla "Pyhitetty olkoon sinun nimesi" on aivan erityinen merkitys. Meidän Isämme ei ole joku vanha ystävämme, hän on "pyhitetty Nimi", hän on pyhä,

Jumalan isyys

etäinen Nimi, joka täyttää maailmankaikkeuden läsnäolollaan ja joka on yläpuolella elämää, yläpuolella kaikkea aineellista, yläpuolella paikkaa ja yläpuolella aikaa.

Meidän on syytä tunnistaa, että Herran rukouksen aloitus sisältää poikkeuksellisen paradoksin. Jeesus neuvoo meitä lähestymään "meidän Isäämme", mutta tekemään sen pitäen mielessämme, että hän on "Pyhä Nimi".

Voidaan sanoa, että Vanha testamentti rakentaa huolellisesti – taso tasolta, ominaisuus ominaisuudelta, kirja kirjalta – täydellisintä mahdollista kuvaa Jumalan luonnosta, jotta me voisimme ihmetellä sitä ja saada innoitusta siitä. Raamatun täydellinen ilmoitus Jumalasta "Nimenä" on melkeinpä liian ihmeellistä ja liian kauhistuttavaa ymmärrettäväksi. Sitten tulee kutenkin Jeesus, joka opettaa, että tämä pyhä Jumala onkin itse asiassa meidän ikioma Isämme – ja joka paljastaa, kuinka me voimme oppia tuntemaan tämän Isän.

Jumala ei koskaan ole vähempää kuin mitä hän Vanhan testamentin ilmoituksen mukaan on eikä myöskään millään tavalla erilainen kuin mitä tuo ilmoitus antaa ymmärtää. Jeesus vain osoittaa meille, kuinka meidän tulisi ymmärtää Jumalan "Nimi", kuinka meidän tulisi lähestyä tuota "Nimeä" ja kuinka me voimme elää yhteydessä tuon "Nimen" kanssa. Hän osoittaa meille, kuinka voimme oppia tuntemaan Isän.

Meidän on ehdottoman oleellista ymmärtää, että "Isä meidän" on "Nimi". Vaikka meillä onkin läheinen suhde Isän kanssa, sen ei pitäisi vähentää sitä ihmetystä, jota koemme lähestyessämme häntä. Meidän ei pidä kutistaa raamatullista näkemystä Jumalan isyydestä oman inhimillisen kokemuksemme tasolle. Maanpäälliset suhteemme vanhempiimme eivät koskaan voi olla täydellisiä, mutta – Jumalassa – voidaan nähdä täydellinen malli todellisesta vanhemmuudesta.

Efesolaiskirjeen jakeet 3:14–15 opettavat, että kaikki inhimillinen isyys tulee Jumalalta. Tämä tarkoittaa, ettei Jumalaa kutsuta Isäksi vain vertauskuvana ihmisten suhteista – häntä ei kutsuta Isäksi siitä syystä, että ihmisten isyys nyt

Isän tunteminen

vain on paras tapa kuvata sitä, millainen suhde Jumalalla on uskovien kanssa. Isyys on synnynnäinen osa Jumalan luontoa, ja isyyttä on olemassa ihmisten kesken ainoastaan siksi, koska meidät on luotu Jumalan kuvaksi.

Abba
Markuksen evankeliumin jakeesta 14:36 selviää, että Jeesus puhutteli Jumalaa aramean kielen sanalla *Abba*. Alun perin tätä sanaa käyttivät pienet lapset puhuessaan luonnollisille isilleen, mutta – Uuden testamentin aikaan mennessä – se oli yleisemmin täysi-ikäisten juutalaisten käytössä heidän ilmaistessaan tuttavallista suhdettaan miespuolisen vanhempansa kanssa.

Vanhassa testamentissa ei koskaan puhuteltu Jumalaa sanalla *Abba*. Se että Jeesus käytti kyseistä sanaa on merkki siitä, että hänen näkemyksensä Jumalasta Isänä ja hänen suhteensa Jumalaan, Isään, eivät ole jotakin muodollista.

Sanan *Abba* käyttö kohdissa Room. 8:15 ja Gal. 4:6 paljastaa sen läheisyyden ja tuttavallisuuden "meidän Isämme" kanssa, joka on tarjolla meille Hengen työn kautta. Tätä käsitellään yksityiskohtaisemmin tämän kirjan osassa 5.

Isä tietää
Edellä havaittiin, että Vanha testamentti nimeää Jumalan kaikkitietäväksi. Jeesus teroittaa tätä entisestään Matteuksen evankeliumin jakeessa 6:32 sanoessaan, että juuri "teidän taivaallinen Isänne" on se, joka tietää.

Kyseisessä raamatunkohdassa Jeesus osoittaa, että meidän Isämme tietää kaikki jokapäiväiset tarpeemme – sekä pienet yksityiskohdat että suuret huolenaiheet. Hän tekee myös selväksi, että "meidän Isämme" on suuri Luoja. Tämän hän tekee perustelemalla Jumalan huolenpidon *isyyden* pikemmin kuin *luomisen* näkökulmasta – mikä korostaa ajatusta siitä, että Jumala on huolissaan ja pitää huolen jokaisesta ihmisestä yksilöllisesti. Tämä havaitaan myös Matteuksen evankeliumin kohdissa 6:26–32 ja 10:29–30.

Jumalan isyys

Tätä Jeesuksen ilmoitusta kaikkitietävästä, kaikista välittävästä, kaikkia yksilöinä huomioivasta Isästä (joka on kaikkivoipa, kaikesta huolen pitävä, kaikelta suojeleva, täydellinen *Yahweh Elohim*) painotetaan läpi koko Uuden testamentin.

Useimmat Paavalin kirjeistä alkavat Jumalan isyyden julistuksella, ja tämä ajattelutapa, jonka mukaan Jumala on perimmiltään Isä, on perusolettamuksena Paavalin kaiken opetuksen taustalla. Näin voidaan todeta esimerkiksi kohtien 1. Kor. 1:3; 2. Kor. 1:3; Gal. 1:3–4; Ef. 1:2–3; Fil. 1:2; Kol. 1:2–3 jne. perusteella.

Isän ominaisuudet

Aivan kuten Jumalan luonto ilmoitettiin Vanhassa testamentissa lisäämällä sanoja hänen "juuritason" nimiinsä tai kantanimiinsä, samoin Uudessa testamentissa määritellään Jumalan isyyttä sen sisältämien rikkauksien tuomiseksi paremmin esiin. Voidaan havaita, että hän on esimerkiksi:

- Isä, taivaan ja maan Herra – Matt. 11:25
- Pyhä Isä – Joh. 17:11
- vanhurskas Isä – Joh. 17:25
- Jeesuksen Kristuksen Isä – 2. Kor. 1:3
- laupeuden Isä – 2. Kor. 1:3 (v. 1938 käännös)
- kirkkauden Isä – Ef. 1:17
- henkien Isä – Hepr. 12:9 (v. 1938 käännös)
- valkeuksien Isä – Jaak. 1:17 (v. 1938 käännös).

Taas kerran on syytä huomioida, että Raamatun ilmoitus Jumalasta on jotakin henkilökohtaista, ei valmiiksi annettu ehdotus – suhteeseen perustuvaa, ei teoreettista. Uusi testamentti ei esittele abstrakteja totuuksia Jumalan isyydestä, vaan se paljastaa Isän niiden suhteiden kautta, joita hänellä on lastensa kanssa – ja erityisesti oman Poikansa kanssa. Uusi testamentti tutustuttaa meidät Isään, niin että me voisimme

Isän tunteminen

tuntea hänet henkilökohtaisesti ja läheisesti emmekä ainoastaan tietää totuuksia "hänestä".

Jumalan ja ihmisten välisten suhteiden asiayhteydessä Uusi testamentti osoittaa meille esimerkiksi, mitä Isä tekee lastensa hyväksi, kuinka hän samaistuu heihin ja mitä hän heiltä odottaa. Uudessa testamentissa esimerkiksi ilmoitetaan, että Isä:

- on täynnä kirkkautta ja että häntä voidaan kirkastaa (tai ylistää) – Matt. 5:16 ja Mark. 8:38
- on täydellinen – Matt. 5:48
- antaa palkan – Matt. 6:1
- näkee kaiken – Matt. 6:4
- tietää kaiken – Matt. 6:8 ja 1. Piet. 1:2
- antaa anteeksi – Matt. 6:14
- pitää huolen – Matt. 6:26 ja Jaak. 1:17
- omaa tahdon – Matt. 7:21 ja 18:14
- vastaa rukouksiin – Matt. 26:53
- toimii kasteen kautta – Matt. 28:19
- on armahtavainen – Luuk. 6:36
- rakastaa – Joh. 3:35, 14:23 ja 1. Joh. 3:1
- ansaitsee ylistyksen – Joh. 4:21–23
- tekee työtä – Joh. 5:17
- herättää kuolleet – Joh. 5:21
- on elämän lähde – Joh. 5:26
- antaa – Joh. 6:32
- opettaa – Joh. 8:28
- on yhtä Jeesuksen kanssa – Joh. 10:30
- antaa armoa ja rauhaa – Room. 1:7

Jumalan isyys

◆ kurittaa – Hepr. 12:5–11

◆ ja että häntä tulee kiittää – Kol. 1:12.

Uusi testamentti ei määritä, millainen Isän luonto on tai mitkä hänen ominaisuutensa ovat: sen sijaan se on täynnä tapahtumia ja esimerkkejä, jotka avaavat näkökulmia hänen pyhiin luonteenpiirteisiinsä ja tekoihinsa.

Jumalallisesta isyydestä ei ole mahdollista luoda järjestelmällistä kuvaa, mutta on useita Isän luonnon piirteitä, jotka ovat selviä:

1. Hänen kirkkautensa ja kunniansa

Jumalan kirkkaus on yksi Raamatun merkittävimmistä teemoista, ja sitä käsitelläänkin yksityiskohtaisemmin kirjassa *Jumalan kirkkaus seurakunnassa*.

Efesolaiskirjeen jakeessa 1:17 Jumalaa kuvataan "kirkkauden Isäksi", ja Jumalan kirkkaus mainitaan muutenkin useasti joka puolella Uutta testamenttia – esimerkiksi kohdissa Luuk. 9:26; Joh. 17:5; Ap. t. 7:55; Room. 3:23, 5:2; 2. Kor. 3:18 ja 2. Piet. 1:17.

Isä on kirkkaudessaan mahtava, ja Heprealaiskirjeen jae 1:3 osoittaa, että Jeesus heijastaa hänen kirkkauttaan. Kristus siis omassa persoonassaan edustaa Jumalan *koko* luontoa – hänen majesteettisuuttaan, voimaansa, rakkauttaan *ja* isyyttään. Juuri tämä on sitä "messiaanista isyyttä", johon Vanha testamentti viittaa Jesajan kirjan jakeen 9:6 kaltaisissa kohdissa.

Isän kirkkauden tulisi saada meidät reagoimaan ihmetyksellä ja ylistyksellä ja ajattelemaan hänen voimaansa. Olento, jonka kirkkaus on näin ihmeellistä, ei voi olla heikko, ja sanontaa "Jumalan voima" käytetäänkin usein viittamaan juuri tähän Isän ominaisuuteen. Tätä voidaan havaita esimerkiksi kohdissa Room. 4:21, 11:23; 1. Kor. 2:5; 2. Kor. 6:7, 9:8, 13:4 ja 2. Tim. 1:8.

2. Hänen viisautensa ja tahtonsa

Edellä jo todettiin, kuinka Matteuksen evankeliumin jakeet 6:4–8 kertovat, että Jumala tietää kaiken, ja 1. Pietarin kirjeen

Isän tunteminen

jae 1:2 laajentaa tätä ajatusta lisäämällä siihen vielä sen, että Jumala jo "etukäteen" tietää kaiken. Jumala on luonteeltaan "yläpuolella aikaa", joten hän väistämättä tietää tulevaisuuden jos hän kerran tietää nykyisyyden ja menneisyydenkin. Efesolaiskirjeen jakeen 1:5 kaltaiset kohdat osoittavat, että tämä on osa Uuden testamentin perusymmärrystä siitä, kuka Jumala on.

Jos kerran Isä on kaikessa viisas ja kaikkitietävä, tästä seuraa väistämättä, että hänen tahtonsa, suunnitelmansa ja tarkoituksensa ovat jo itsessään täydellisiä. Tituksen kirjeen jakeessa 1:2 todetaan, ettei Jumala koskaan valehtele, ja Heprealaiskirjeen jae 6:18 painottaa, että Jumalaa ei voida todistaa valheelliseksi. Isän tahtoa käsitellään yksityiskohtaisemmin tämän kirjan osassa 7.

3. Hänen ehdoton pyhyytensä
Edellä havaittiin, että pyhyys on kaikista eniten painotettu Jumalan nimen ominaisuus ja että Johanneksen evankeliumin jakeessa 17:11 Jumalaa kutsutaan "pyhäksi Isäksi". Tämä puhuu sen puolesta, että Jeesus oli erityisen tietoinen Isänsä pyhyydestä juuri ristin tapahtumien häämöttäessä näköpiirissä.

Uudessa testamentissa tehdään aina selväksi, että Isän luonteenpiirteet ja teot ovat täydellisen pyhiä. Hän on täysin erotettu, hänen puhtautensa on ehdotonta.

4. Hänen vanhurskautensa ja vihansa
Jeesus kutsuu Jumalaa "vanhurskaaksi Isäksi" Johanneksen evankeliumin jakeessa 17:25. Myös koko pelastussuunnitelma pohjautuu Isän vanhurskaudelle. Tätä käsitellään tarkemmin *Hengen miekka* -kirjasarjan osassa *Pelastus armosta*.

- ◆ Roomalaiskirjeen jakeet 1:17 ja 2:21-22 vakuuttavat, että Jumalan vanhurskaus on tuotu ilmi.

- ◆ Jeesus vaatii opetuslapsiaan olemaan vanhurskaita (Matt. 5:20 ja 6:33) Isän vanhurskauden tähden.

Jumalan isyys

◆ Kohdat Room. 10:3; 2. Kor. 5:21; Ef. 4:24 ja Fil. 3:9 osoittavat, että Jumala on täydellisen vanhurskas.

◆ Johanneksen evankeliumin jakeen 17:25 asiayhteys antaa ymmärtää, että Jumalan vanhurskaus oli Jeesukselle elintärkeää hänen pohdiskellessaan Isän tuomiota.

On selvää, että ehdottoman vanhurskas Isä myös tuomitsee täydellisen vanhurskaalla tavalla – mikä tarkoittaa, että Jumala on puolueeton eikä suosi ketään. Tämä oli ajatus, jota juutalaisten oli vaikea hyväksyä. Jakeiden Ap. t. 10:34; Room. 2:11, 3:5; Gal. 2:6; Hepr. 6:10 ja 1. Piet. 1:17 kaltaisissa kohdissa kuvataan sitä, kuinka alkuseurakunta alkoi pikkuhiljaa ymmärtää ja arvostaa Jumalan puolueettomuutta.

Jumalan viha on hänen vanhurskautensa tärkeä puoli: siitä voidaan lukea esimerkiksi kohdissa Room. 1:18, 5:9, 12:19, 13:5; Ef. 5:6; Kol. 3:6 ja 1. Tess. 5:9. Voitaisiin sanoa, että Jumalan viha ilmaisee hänen ehdottoman pyhyytensä kokemaa vastenmielisyyttä kaikkea sellaista kohtaa, mikä ei ole pyhää.

Ilmestyskirja esittelee Jumalan vihaa erityisen selvällä tavalla ja asettaa sen asiayhteyteen, jossa puhutaan Jumalan lopullisesta tuomiosta – esimerkiksi kohdissa 6:16, 14:10,19, 15:1,7, 16:1 ja 19:15.

5. Hänen rakkautensa ja armonsa
Jakeissa 1. Joh. 4:8 ja 16 todetaan, että Jumala on rakkaus, ja osoitetaan, että rakkaus leimaa sitä tapaa, jolla Jumala tavallisesti lähestyy ihmisiä. Jae 1. Joh. 3:1 taas asettaa Jumalan rakkauden tiivisti hänen isyytensä asiayhteyteen.

Rakkautta ei itsessään voi olla olemassa abstraktisesti – sillä täytyy aina olla jokin kohde. Uusi testamentti paljastaa selvästi, että ihmiset ovat Jumalan rakkauden kohde ja että – kolmiyhteisessä Jumalassa – Poika on Isän rakkauden kohde. Tämä havaitaan esimerkiksi kohdissa Joh. 3:16,35, 5:20, 10:17, 14:21–23, 15:9, 16:27 ja 17:23.

Isän tunteminen

Uusi testamentti lisäksi opettaa, että Jumalan rakkaus:

- on vuodatettu sydämiimme Hengen kautta – Room. 5:5
- on hänen pelastava tekonsa syntisten edestä – Room. 5:8
- on sellaista, mistä uskovia ei koskaan voida erottaa – Room. 8:39
- tekee uskovista voittajia – Room. 8:37
- on jotain, jota meidän sydämemme/mielemme tulisi haluta tavoitella – 2. Tess. 3:5
- on se piirre, joka erottaa Isän kaikesta muusta – 2. Kor. 13:11,14 ja Ef. 6:23.

Jumalan armo ja laupeus liittyvät läheisesti hänen rakkauteensa. Armoa käsitellään tämän kirjasarjan osassa *Pelastus armosta*, mutta tässä kohtaa on syytä ymmärtää, että "Jumalan armo" on olennainen osa hänen isällistä rakkauttaan. Isän armo tarkoittaa, että hän antaa ansaitsemattomia suosionosoituksia rakkautensa kohteille, omille lapsilleen.

Jumalan lakkaamattomasta armosta voidaan lukea jakeiden Room. 3:24, 11:6; 1. Kor. 1:4, 3:10, 15:10; 2. Kor. 9:14; Gal. 2:21; Ef. 1:6, 2:5–7; 2. Tim. 1:9; Tit. 2:11; Hepr. 4:16; Jaak. 4:6 sekä 1. Piet. 4:10 ja 5:10–12 kaltaisissa kohdissa.

Jumalan laupeus liittyy hänen armoonsa, rakkauteensa ja vanhurskauteensa. Jos kerran vanhurskaan Jumalan täytyy tuomita kaikki, mikä ei ole vanhurskasta, hänen väistämättä täytyy myös ulottaa laupeutensa niille, jotka odottavat tuomiotaan – sillä laupeus on aivan yhtä lailla osa hänen luontoaan kuin vanhurskauskin.

Kohdat Luuk. 6:36 ja 2. Kor. 1:3 osoittavat, että Isä on pohjimmiltaan armahtavainen – mistä jo jakeiden 2. Moos. 34:6 sekä Ps. 86:15 ja 145:8 kaltaiset Vanhan testamentin kohdatkin kertoivat. Jumalan laupeudesta tai armosta voidaan lukea esimerkiksi kohdissa Luuk. 18:13; Room. 9:15–

Jumalan isyys

18, 11:30–32; 1. Kor. 7:25; 2. Kor. 4:1; 1. Tim. 1:16; 1. Piet. 2:10 ja Jaak. 5:11.

6. Hänen uskollisuutensa ja rauhansa

Jumalan uskoa käsitellään melko yksityiskohtaisesti *Hengen miekka* -kirjasarjan osassa *Elävä usko*. Ensimmäisen Korinttolaiskirjeen jakeessa 1:9 Jumalan uskollisuus asetetaan samaan asiayhteyteen hänen isyytensä kanssa, ja laajemmin tarkasteltuna Uudessa testamentissa osoitetaan, että koska Jumala on uskollinen, hän:

◆ kutsuu ihmisiä Poikansa yhteyteen – 1. Kor. 1:9 (vrt. v. 1938 käännös)

◆ varjelee lapsiaan liialliselta uskon koettelemiselta – 1. Kor. 10:13

◆ pitää sanansa – 2. Kor. 1:18

◆ varjelee omansa pahalta – 2. Tess. 3:3

◆ innoittaa ja vahvistaa kärsiviä uskovia – 1. Piet. 4:19

◆ antaa synnit anteeksi – 1. Joh. 1:9

◆ on uskollinen silloinkin, kun ihmiset ovat uskottomia – 2. Tim. 2:13.

Läpi Uuden testamentin viitataan jatkuvasti siihen, että Jumalan lakkaamaton ja muuttumaton luonto tarkoittaa, että me voimme luottaa siihen, että Isä täyttää lupauksensa.

Kaikki, mitä Jumala antaa lapsilleen, on lähtöisin hänen luonnostaan. Hän ei voi antaa meille mitään, mikä ei ole osa häntä itseään. Tämän totuuden käsittäminen vaatii syvällistä ajatustyötä, mutta se on yksi kristinuskon perustavanlaatuisista totuuksista ja sillä on monia tärkeitä vaikutuksia, joita myös toistuvasti tässä *Hengen miekka* -kirjasarjassa käsitellään.

Kaikki Paavalin kirjeet alkavat siunauksen toivotuksella, jossa toivotetaan myös "Jumalan rauhaa" tai "rauhaa Jumalalta". Jos kerran rauha on Jumalalta tuleva ominaisuus, se väistämättä on myös yksi hänen piirteistään. Tämä havaitaan

Isän tunteminen

esimerkiksi kohdissa Room. 15:33; 1. Kor. 14:33; Fil. 4:7–9 ja 1. Tess. 5:23.
Rauhan läsnäoloon sisältyy ajatus ristiriitojen poissaolosta. Jännitteet ja huolet eivät täytä Jumalan mieltä. Hän ei koskaan ole epävarma teoistaan tai turhautunut suunnitelmiinsa. Hänellä on aina täydellinen mielenrauha. Maailmankaikkeuden sydämessä, kaiken ihmisten aikaansaaman kaaoksen takana, on rauhan Jumala. Ja juuri tämän oman jumalallisen rauhansa Isä armossaan antaa lapsilleen.

Isä Jumala

Koska Jumala on ikuinen ja ääretön, ihmiset eivät koskaan voi ymmärtää häntä täydellisesti. Mikään raamatunkohtien yhteenveto tai nimien ja ominaisuuksien luettelo ei koskaan voi antaa täyttä kuvaa hänestä. Häneen liittyy väistämättä aina merkittävä määrä jotakin salattua.

Uudessa testamentissa kuitenkin annetaan ymmärtää, että voimme tietää Jumalasta kaiken, mitä meidän tarvitsee tietää. Tämä on Raamatun perusolettamus.

Edellä on selvitetty, että Uuden testamentin Isä on Vanhan testamentin *Yahweh Elohim*. Taivaan ja maan Luoja on sekä isällinen että kaikkivaltias – maailmankaikkeuden kuningas ei koskaan toimi tyrannimaisesti, sillä hän on Isä, ja vanhurskas tuomari toimii aina armahtavaisella tavalla, sillä sitä hänen isyytensä hänessä vaikuttaa.

Edellä on myös havaittu, että Isä Jumala on täynnä paradoksaalisia piirteitä – sellaisia piirteitä, jotka vaikuttavat olevan toistensa vastakohtia mutta jotka todellisuudessa ovatkin täydellisessä tasapainossa keskenään. Hänen rakkautensa ja vihansa, hänen hyvyytensä ja vanhurskautensa, hänen laupeutensa ja tuomionsa, hänen ylimaallisuutensa ja läsnäolonsa ja monet muut – nämä kaikki ovat yhtä lailla esillä myös Uudessa testamentissa.

Ymmärryksemme siitä, kuka Jumala on, on väistämättä epätarkkaa, jos mikä tahansa näistä hänen luonteensa paradoksaalisista puolista sivuutetaan, jos mitään niistä

Jumalan isyys

ylikorostetaan tai jos jotakin niistä ei käsitellä oikeassa tasapainossa muihin piirteisiin nähden.

Koko kristillinen uskomme on riippuvaista siitä, että ymmärrämme, kuka Jumala on. Ja uskomme perimmäinen tarkoitus on, että voisimme tuntea Jumalan – tarkasti, läheisesti ja henkilökohtaisesti.

Ei esimerkiksi yksinkertaisesti ole mahdollista ymmärtää Kristuksen lihaksi tulemista – hänen syvintä persoonaansa –, jos meillä on väärä käsitys Jumalasta. Ihmiset, jotka pitävät Jumalaa vihaisena ja kaukaisena olentona, jota täytyy lepytellä, ymmärtävät väistämättä väärin Jeesuksen tehtävän ja palvelutyön. Vain Isä, joka rakastaa lapsiaan, haluaa toimia tavalla, joka tuo sovituksen heille.

Juuri tämän vuoksi tässä kirjasarjassa käsitelläänkin aihetta *Isän tunteminen* ennen kuin tarkastellaan, mitä *pelastus armosta* on. Vaikka tämä kirja onkin ehkäpä kaikista raskain tutkia ja vaikein ymmärtää, se luo pohjan koko tälle kirjasarjalle. Jos emme tunne Isää, Poika on kuollut turhaan.

Osa 4

Isä ja Poika

Osassa 1 havaittiin, että Jumalan luonnon ylivertaisuuden tähden voi olla olemassa vain yksi Jumala. Jos hän kerran on ääretön, hän sekä täyttää kaiken että on kaiken yläpuolella. Hänen kaikkivaltiutensa, ylimaallisuutensa ja läsnä olevuutensa tekevät mahdottomaksi, että voisi olla olemassa jokin toinen samankaltainen jumaluus.

Osassa 2 kuitenkin pantiin merkille ne Vanhan testamentin ilmaukset, joiden mukaan Jumalan luontoon liittyy jonkinasteista monikollisuutta. Vanhassa testamentissa annetaan ymmärtää, että Jumala on "yksi mutta enemmän kuin yksi". Havaitsimme, että *Elohim* on monikkomuotoinen nimisana, jonka kanssa käytetään yksikkömuotoista verbiä: esimerkiksi 1. Mooseksen kirjan jakeissa 1:26-27 käytetään vaihdellen muotoja "minä" ja "me" sekä "hän" ja "he". Monet oppineet ovat tiukasti sitä mieltä, että *Elohim* on vain yleisnimi ja että sen monikkomuoto ainoastaan välittää yleisellä tasolla ajatuksen majesteettisesta jumaluudesta. Sitä kuitenkin käytetään usein erisnimenä, ja tästä voidaan päätellä, että Jumalassa on jotakin yhteisöllistä.

Edellä myös havainnoitiin, että Jumalan yleisin "runkotason" nimi, *Yahweh Sabaoth*, on yleensä käännetty englanninkielisissä raamatunkäännöksissä sanoilla "sotajoukkojen Herra" – millä tarkoitetaan "Herraa, jolla on sotajoukkoja ja armeijoita". Sama voitaisiin kuitenkin myös kääntää sanoilla "Herra, joka on sotajoukot" – ja tässä tapauksessa jumalalliseen nimeen *Yahweh Sabaoth* sisältyisi ajatus siitä, ettei Jumala ole yksin.

Lisäksi Vanhassa testamentissa on myös useita viittauksia "Herran enkeliin", joka ilmestyy joskus ihmismuodossa. Tämä arvoituksellinen olento tunnistetaan usein Jumalaksi, kuten

Isän tunteminen

esimerkiksi kohdissa 1. Moos. 16:7–14, 18:1–33, 22:11–18, 31:11–13; 2. Moos. 3:1–6 ja Tuom. 2:1–5, mutta hän on myös selkeästi Jumalasta erillinen olento, kuten havaitaan kohdassa 2. Moos. 33:2–3. Näitä erityisiä enkelien vierailuja pidetään usein Kristuksen ilmestymisinä ennen hänen lihaksi tulemistaan, ja niitä kutsutaan englannin kielessä termeillä "theophanies" tai "Christophanies". Vaikka enkeli tunnistetaan Jumalaksi, sitä pidetään silti Jumalasta erotettavissa olevana olentona. Näin se korostaa Jumalan arvoituksellista "yksi mutta enemmän kuin yksi" -luontoa.

Kolmiyhteinen Jumala

Tätä samaa ajatusta, että Jumala on "yksi mutta enemmän kuin yksi", kehitetään edelleen Uudessa testamentissa, mutta Jumalaa ei kuitenkaan koskaan kutsuta sanoilla Pyhä Kolminaisuus. Uudessa testamentissa ainoastaan tuodaan julki tietoa, joka viittaa siihen, että myös Jeesuksella ja Hengellä on jumalallinen luonto – ja että he ovat yhtä toistensa ja Jumalan kanssa. Tästä ei kuitenkaan vedetä minkäänlaisia johtopäätöksiä.

Uudessa testamentissa on neljänlaisia raamatunkohtia, jotka viittaavat siihen, että Jumalan luonto on perimmiltään "kolmiyhteinen" tai "kolme yhdessä".

1. Kohdat, joissa käytetään trinitaarista muotoilua

◆ Matteuksen evankeliumin jae 28:19 liittää yhteen Isän, Pojan ja Hengen nimet "trinitaarisella", kolmiyhteisellä, tavalla kastesanoihin.

◆ Toisen Korinttolaiskirjeen jae 13:14 esittelee siunauksen, johon liittyy Jumala, Herra Jeesus Kristus ja Pyhä Henki. Näitä kolmea ei erotella mitenkään toisistaan, ja heidät esitetään selvästi "tasavertaisina".

◆ Ilmestyskirjan jakeissa 1:4–8 viitataan Jumalaan yhtenä, "joka on, joka oli ja joka on tuleva", Henkeen "seitsemänä henkenä" ja Poikaan "Jeesuksena Kristuksena".

Isä ja Poika

Koko Ilmestyskirjan ensimmäinen luku osoittaa, että Isä, Poika ja Henki voidaan erottaa toisistaan mutta että ne kaikki ovat ikuinen, majesteettinen, suvereeni Kaikkivaltias.

2. Kohdat, joissa käytetään kolmiosaista rakennetta
Toinen joukko raamatunkohtia esittää Jumalan selvästi triadisessa, toisin sanoen kolmiosaisessa muodossa. Esimerkiksi:

- Efesolaiskirjeen jakeissa 4:4–6 käytetään ilmauksia "yksi Henki... yksi on Herra... yksi on Jumala".

- Ensimmäisen Korinttolaiskirjeen jakeet 12:3–6 kertovat, että "Henki on sama... Herra on sama... ja Jumala on sama".

- Ensimmäisen Pietarin kirjeen jakeessa 1:2 käytetään kolmiosaista rakennetta painottamaan Isän, Hengen ja Jeesuksen eri tehtäviä, joilla kuitenkin vaikuttaa olevan jonkinlainen tiettyä järjestystä noudattava yhteys.

- Efesolaiskirjeen jakeissa 1:3–14 hyödynnetään samaa kolmiosaista, tiettyä järjestystä noudattavaa rakennetta osoittamaan erilaisia jumalallisia toimintoja – jakeissa 3, 5 ja 13.

3. Kohdat, joissa kolme persoonaa mainitaan yhdessä
Useissa raamatunkohdissa Isä, Poika ja Henki yhdistetään toisiinsa ilman minkäänlaista selvää rakennetta. Esimerkiksi kohdat Mark. 1:9–11; Luuk. 10:21; Room. 8; Gal. 4:4–6; 2. Tess. 2:13–14; Tit. 3:4–6 ja Juud. 1:20–21 kaikki yhdistävät kolme persoonaa toisiinsa tavalla, joka ei kuitenkaan vaikuta olevan sattumanvarainen.

4. Kohdat, jotka paljastavat trinitaarisia suhteita
Isän, Pojan ja Hengen välinen yhteys on kaikista selvin Jeesuksen opetuksessa viimeisellä ehtoollisella. Johanneksen evankeliumin jakeet 14:16–17,25–26, 15:26 ja 16:13–15

Isän tunteminen

paljastavat sekä kolmen jumalallisen persoonan välisen yhteyden että niiden erillisyyden.

Kyseisissä jakeissa havaitaan, että Isä lähettää Hengen Pojan nimessä, että Poika lähettää Hengen, joka lähtee Isän luota, ja että kaikki kolme liittyvät siihen, kun totuus paljastetaan ja ilmoitetaan ihmisille.

Trinitaarinen yhteys on myös havaittavissa jakeiden Joh. 1:3, Kol. 1:15–17 ja Hepr. 1:2 kaltaisissa kohdissa, joissa Jeesuksen kunniaksi luetaan tekoja, joita on yleensä pidetty Jumalan tekoina.

Kolmiykseys

Uudessa testamentissa ei ainoastaan viitata kolmeen erilliseen persoonaan, siellä myös korostetaan Jumalan ehdotonta ykseyttä, sitä että hän on yksi. Johanneksen evankeliumin jae 10:30 sisältää kaikista vahvimman tällaisen toteamuksen. Siinä löytyvät Jeesuksen sanat "Minä ja Isä olemme yhtä" saivatkin juutalaiset poimimaan kiviä käsiinsä Jeesuksen tappamiseksi jumalanpilkan vuoksi. Myös kohdat Joh. 1:1, 8:24,28, 10:38, 14:9–11 ja 17:21–23 korostavat Isän ja Pojan ehdotonta ykseyttä. Kuten niin monet muutkin Jumalaan liittyvät seikat, tämäkin on salaisuus, jonka Raamattu toistuvasti mainitsee mutta jota se ei koskaan selitä.

Uudessa testamentissa ei siis painoteta yhtään Vanhaa testamenttia vähempää sitä, että Jumala on "vain yksi", mutta siinä kehitetään Vanhan testamentin käsitystä Jumalasta "yhtenä mutta enemmän kuin yhtenä" tarkentamalla kyseisen ilmauksen "enemmän kuin yksi"-puolta. Uudessa testamentissa nimittäin paljastetaan, että "enemmän kuin yksi" tarkoittaa todellisuudessa "kolmea".

Tämä onkin saanut jotkut uskovat olettamaan, että Jumalassa on *kolme erillistä olentoa*, jotka jollakin arvoituksellisella tavalla ovat yhtä.

Raamatullinen painotus kuitenkin eroaa tästä, sillä Uusi testamentti korostaa, että *Jumala on yksi olento* – jonka olemus on olemassa ikuisesti kolmessa "persoonassa". (Sanaa

Isä ja Poika

"persoona" ei tässä käytetä erillisistä yksilöistä, kuten joskus ihmisistä puhuttaessa.)

Meidän on ehdottoman oleellista ymmärtää tämä seikka. Isä, Poika ja Henki ovat yhden olennon kolme eri persoonaa, he eivät ole kolme erillistä yksilöä. Jumala on yksi, hän ei ole jakautunut kolmeen osaan, mutta hän ilmoittaa luontonsa ja ykseytensä kolmiosaisessa moninaisuudessa, joka koostuu eri persoonista, joilla on omat piirteensä ja tehtävänsä.

Ensimmäinen persoona
Jumalan toiseen ja kolmanteen persoonaan keskitytään tässä *Hengen miekka* -kirjasarjassa omissa kirjoissaan – nimittäin osissa *Pojan tunteminen* ja *Hengen tunteminen*. Tässä kirjassa tarkastellaan kuitenkin kahta niihin liittyvää aihetta: tähän mennessä on opittu siitä, että isyys on keskeinen osa kolmiyhteisen Jumalan täyttä luontoa, ja seuraavaksi siirrytään oppimaan lisää siitä Jumalassa olevasta persoonasta, joka tunnetaan "Isänä".

Tiedämme, että Vanhassa testamentissa suomen kielen sana *Jumala* tarkoittaa aina Jumalaa, joka on "yksi mutta enemmän kuin yksi". Uudessa testamentissa sanaa *Jumala* käytetään kuitenkin viitatessa sekä "yhteen Jumalaan" että "Jumalan ensimmäiseen persoonaan": tämä pätee erityisesti Paavalin kirjeissä Roomalaiskirjeestä kirjeeseen Filemonille, joissa "Jumala" tavallisesti tarkoittaa "Isää".

Asiayhteyden perusteella on yleensä selvää, tarkoittaako Uuden testamentin viittaus *Jumalaan* kolmiyhteistä Jumalaa vai Jumalan ensimmäistä persoonaa. Kun Raamattua lueskellaan huolimattomasti, on kuitenkin helppoa ymmärtää jokin raamatunkohta väärin – jolloin myös Isän tuntemisen erityinen merkitys jää huomaamatta.

Paradoksit
Edellä on havaittu, että jokainen Jumalan nimen ja isyyden puoli on väistämättä täysin totta *sekä* Isässä *että* Pojassa *että* Hengessä. Edellä myös havaittiin, että paradoksit, kuten

Isän tunteminen

ylimaallisuus ja läsnä olevuus, rakkaus ja viha, ovat väistämättä olemassa rinnakkain tässä yhdessä ikuisessa olennossa.

Lisäksi on syytä ymmärtää, että myös toinen paradoksien joukko – isyys ja lapseus, johtajuus ja paleminen, tahto ja kuuliaisuus, kirkkaus ja vaatimattomuus, omavaraisuus ja riippuvaisuus – on väistämättä olemassa rinnakkain tuossa yhdessä ikuisessa ja äärettömässä olennossa. Ja juuri tämän joukon näennäisesti ristiriitaiset puolet ovat niitä, jotka ovat kaikkein selvimmin havaittavissa Jumalassa olevassa Isän ja Pojan välisessä suhteessa.

Isä ja Poika
Matteuksen evankeliumin jakeissa 11:25-30, sekä sitä vastaavassa kohdassa Luukkaan evankeliumissa (10:21-22), on kerrottu joitakin Jeesuksen kaikista valaisevimmista sanoista koskien Isää sekä hänen suhdettaan Isään.

Luukkaan evankeliumin jae 10:21 tekee selväksi, että kyseiset Jeesuksen sanat Isästä olivat Hengen innoittamaa ylistystä ja rukousta. Tämä ei ole muuttunut miksikään. Yhä nykyäänkin me tarvitsemme Pyhän Hengen apua, jotta voisimme tuntea Isän. Jos yritämme oppia tuntemaan hänet ainoastaan älylliseen ponnisteluun turvautumalla, päädymme ymmärtämään hänet abstraktina olentona, joka ei ole muuta kuin joukko vaikeaselkoisia kaikki-alkuisia sanoja.

Matteuksen evankeliumin jae 11:25 julistaa, että Isä salaa ilmoituksensa "viisailta ja oppineilta". Tämä tarkoittaa, että Isää voidaan tuntea vain Hengen antamilla ja paljastamilla tavoilla, että Isää opitaan tuntemaan paremmin vain olemalla aina vain läheisemmässä yhteydessä Hengen kanssa ja että juuri "lapsenmieliset" voivat oppia häntä tuntemaan, sillä he eivät ole liian oppineita ylistääkseen häntä.

Efesolaiskirjeen jakeissa 5:19-20 tätä ajatusta viedään vielä pidemmälle osoittamalla, että voidakseen täyttyä Hengellä ihmisen täytyy ylistää ja kiittää Isää. Yksinkertaisesti sanottuna mikä tahansa tieto Jumalasta, joka ei perustu

Isä ja Poika

Hengen innoittaman ylistyksen ympärille, *ei voi* sisältää niitä salaisuuksia, jotka Isä jakaa Pojalleen Hengessä.

Molemminpuolinen riippuvuus

Kohdat Matt. 11:25–30 ja Luuk. 10:21:22 painottavat Pojan riippuvuutta Isästä. Poika ei ole sen kaiken ensisijainen lähde tai omistaja, minkä hän ilmoittaa opetuslapsilleen. Hänen täytyy ensin saada tietonsa Isältään.

Isä on ensimmäinen ja Poika on toinen, ja toisen täytyy vastaanottaa ensimmäiseltä. Lisäksi Pojan tunteminen on Isän oikeus – eli on Isästä kiinni, kenelle hän haluaa Pojan ilmoittaa, kuten Johanneksen evankeliumin jakeessa 6:44 tähdennetään.

Riippuvuus on merkittävä teema Johanneksen evankeliumissa, jossa toistuvasti painotetaan, että Poika vastaanottaa sanansa, tekonsa ja ohjeensa Isältä. Tämä havaitaan esimerkiksi kohdissa Joh. 5:19,30; 6:38; 7:28–29; 8:26,28–29; 10:18 ja 12:49–50.

Myös Isä on kuitenkin riippuvainen Pojasta – ensimmäinen on riippuvainen toisesta. Isä on sitoutunut kaikessa Poikaan, eikä toimi, puhu tai anna mitään tietoa itsestään muuten kuin Pojassa. Tämä ei tarkoita, etteikö kaikki Jumalan ilmoitus olisi lähtöisin Isästä ja Isän hallinnassa, sillä kääntyyhän Poika Isän puoleen kaikissa asioissa. Matteuksen evankeliumin jae 11:28 osoittaa, että Isä harjoittaa kaikkivaltiuttaan yhteistyössä Pojan kanssa, joka panee täytäntöön ja paljastaa Isän tahdon ihmisille.

Ainutlaatuinen suhde

Isän ja Pojan välinen suhde on evankeliumin ydintä, sillä isyyteen ja lapseuteen liittyy sekä keskinäistä riippuvuutta *että* jaettu elämä.

Kohdat Matt. 11:25–30 ja Luuk. 10:21–22 osoittavat, että Jumalan ensimmäinen ja toinen persoona jakavat yhteisen tiedon, joka kuuluu yksinoikeudella heille ja joka avataan ihmisille, miehille ja naisille, vain Isän ja Pojan tahdosta ja heidän valintansa mukaan.

Isän tunteminen

Isän ja Pojan ainutlaatuinen suhde on olennainen osa sitä tapaa, jolla me tunnemme Jumalan, sekä sitä, mitä tiedämme Jumalasta. Jumalan tunteminen on Isän tuntemista Pojan kautta ja Pojan tuntemista Isän kautta.

Kuten opitaan kirjassa *Pojan tunteminen*, Jeesus ei ainoastaan ole "se" profeetta, joka viittaa ja kääntää katseemme johonkin sellaiseen totuuteen, jonka joku toinenkin profeetta olisi voinut paljastaa. Eikä hän myöskään ainoastaan ole "se" Jumalan totuuden julistaja, sillä hän itse on olennainen osa tuon totuuden sisältöä. Jumalan tunteminen on taivaassa olevan Isän ja maan päällä olevan Pojan välisen suhteen tuntemista.

Tämä tulee erityisen selväksi Matteuksen evankeliumin jakeissa 11:28-30. Monet ihmiset voivat kyllä neuvoa toisia ihmisiä menemään Jumalan luo, mutta ainoastaan Jeesus voi kehottaa ihmisiä tulemaan Jumalan luo – sillä kun tulemme Jeesuksen luo, tulemme samalla Jumalan luo.

Voitaisiin sanoa, että Isä on taivaan ja maan Herra ja että Poika on nöyrä ja vaatimaton. Jeesuksen nöyryydessä ja inhimillisyydessä voidaan kuitenkin aina nähdä ja kuulla se jumalallinen arvovalta, jonka hän jakaa Isän kanssa. Isän pyhässä arvovallassa taas voidaan aina löytää sitä armoa ja laupeutta, jonka hän jakaa Pojan kanssa.

Meidän on tarpeellista käsittää, että *Jumalan ilmoitus* ja *pelastus* saavat molemmat alkunsa tässä Isän ja Pojan välisessä ainutlaatuisessa suhteessa, sillä juuri tämä Isä-Poika-suhde muodostaa Jumalan elämän.

Tämä tarkoittaa, että voimme tuntea Jumalan ilmoituksen ja pelastuksen ainoastaan tuntemalla Jumalan Isä-Poika-suhteen – sillä sekä Jumalan ilmoitus että pelastus ovat jumalallisella tavalla tarkoitetut vetämään meitä lapseuteen, niin että voisimme tuntea Isän.

Isän henkilöllisyys
Edellä on pantu merkille se Uuden testamentin opetus, jonka mukaan Jumalan luonto ja tahto on, että Isä puhuu

Isä ja Poika

ja toimii Poikansa kautta. Tämä tarkoittaa, että Isä ilmaisee henkilöllisyytensä Pojassa ja Pojan kautta.

Johanneksen evankeliumin jae 1:8 paljastaa kaksi totuutta:

♦ Isä ilmaisee henkilöllisyytensä Pojassa, sillä juuri Poika on tehnyt hänet tunnetuksi

♦ Poika on olemukseltaan ja luonteeltaan identtinen Isän kanssa.

Näistä totuuksista ensimmäisen täytyy olla riippuvainen toisesta, sillä ainoastaan Jumala voi täydellisesti paljastaa ja ilmoittaa Jumalan. Jeesuksen täytyy siis jakaa Isän jumalallinen luonto ja olemus, jotta hän todella on soveltuva ja tarkka ilmoitus Isästä. Tätä käsitellään laajemmin kirjassa *Pojan tunteminen*.

Tämä tarkoittaa, että Jeesuksen sanat ja teot ilmaisevat paitsi hänen persoonaansa ja luontoaan, myös Isän persoonaa ja luontoa. Jeesus toistuvasti vakuuttaa, että hänen sanansa ovat Jumalan sanoja ja että hänen tekonsa ovat Jumalan tekoja – koska hänen olemuksensa on identtinen Jumalan olemuksen kanssa. Tämä havaitaan jakeiden Joh. 5:17 ja 14:10-11 kaltaisissa kohdissa.

Kirjassa *Elävä usko* opitaan, että meille Jumalan Sanan tunnustaminen ja Jumalan Sanan tekeminen ovat kaksi asiaa, joita ei voida erottaa toisistaan, ja että Jumalalle ilmoitus ja pelastus *ovat* hänen uskonsa yhteenkuuluvia puolia. Isän ja Pojan välisen liiton osoitus ovat juurikin Jeesuksen mahtavat teot ja sanat – joissa sekä hän että Isä ovat osallisia omilla eriävillä tavoillaan.

On tärkeää, että ymmärrämme tämän totuuden. Uuden testamentin Jumala ei ole abstrakti joukko "kaikki-alkuisia sanoja", joka antaa meidän nähdä ikuisen luontonsa vilaukselta Jeesuksen kautta. Sen sijaan hän on Jumala, joka puuttuu asioihin, hän on "ylimaallinen asioihin puuttuja", joka tulee ja muuttaa asiat, hän on taivaallinen Isä, joka puhuu ja toimii, joka rakastaa ja toimii pelastavasta armostaan käsin, joka varjelee ja pitää huolen luoduistaan ja lapsistaan, joka laskee

Isän tunteminen

hiustemme lukumäärän ja joka tuntee tuskaa jopa jokaisesta varpusesta, joka putoaa maahan.

Jumala antaa meidän tuntea itsensä Isänä, joka saa sokeat näkemään, kuurot kuulemaan, rammat kävelemään ja kuolleet heräämään kuolleista. Hän on Isä, joka tekee pelastuksen töitä – ja jonka sanat ja teot tunnetaan ja jotka tulevat toteutetuiksi hänen Poikansa kautta. Yksinkertainen totuus on, että aivan kaikki Pojan sanat ja teot ovat myös Isän sanoja ja tekoja.

Isän kumppanuus
Perustavanlaatuinen Uuden testamentin olettamus on, että Jeesus on Isän välttämätön kumppani kaikessa Jumalan toiminnassa ihmisten keskellä. Voidaan sanoa, että tuleva, elävä, kuoleva ja ylös nouseva Jeesus on Isän suunnitelman välttämätön liima niin *luomisessa*, *sovituksessa* kuin *tuomiossakin*.

Vaikka onkin totta, että emme voi tuntea Isää muuten kuin tuntemalla Pojan, emme saa unohtaa, että tunnemme Pojan, jotta voisimme tuntea Isän. Monet uskovat tarvitsevat silloin tällöin muistuttelua siitä, että Isä on kristillisen uskon ensisijainen keskipiste, ei Poika tai Henki. Samalla on kuitenkin tärkeää muistaa, että kaikessa, mitä Jumala tekee, toimii tavalla tai toisella myös samalla koko Kolminaisuus – Isä, Poika ja Pyhä Henki.

1. Kumppanit luomisessa
Kohdat Joh. 1:3, Kol. 1:15–17 ja Hepr. 1:2 osoittavat, että Isä toimii Pojan kautta luomisessa. Jeesus on kaiken luomistyön edustaja ja lopullinen tarkoitus, eikä meidän tulisi ajatella Jumalan luomistyötä tai puhua siitä ilman, että annamme arvoa Isä–Poika-suhteelle, joka sai kaiken luodun aikaan ja joka ylläpitää sitä kaikkea. Itse asiassa voitaisiin sanoa, että Isän toiminta Kristuksessa liittyy ennen, jälkeen, alle, yli ja ympäri kaikkea sekä kaikkeen ja kaikkea laajemmalle, mikä liittyy luonnolliseen maailmankaikkeuteen. Tämän lisäksi myös Pyhä

Isä ja Poika

Henki liittyy läheisesti luomiseen, kuten kohta 1. Moos. 1:2 tekee selväksi.

2. Kumppanit sovituksessa

Edellä kerrotut asiat ovat totta myös koskien pelastusta – Isä ei toimi ilman Poikaa. Ennalleen asetettu suhteemme Isän kanssa on täysin sidoksissa Pojan elämään, kuolemaan ja ylösnousemukseen.

Jakeiden Joh. 3:16 ja 2. Kor. 5:18–19 kaltaiset kohdat osoittavat, kuinka Isän pelastava toiminta laajenee yhdestä moniin, Kristuksessa olevasta keskiöstä koko ihmiskunnalle.

Ei riitä, että ymmärtäessämme sovitusta ja iloitessamme siitä keskitymme ainoastaan Jeesukseen – meidän on myös syytä muistaa, että pelastus on kiinni siitä työstä, mitä Isä tekee Pojassaan ja Poikansa kautta. Lisäksi meidän tulee muistaa, että ilman Jumalan Henkeä, joka tuomitsee meidät langenneen luontomme tähden, olisimme sokeita hengelliselle tilallemme emmekä olisi kykeneviä ymmärtämään Jumalan sovitussuunnitelmaa.

Kuten opitaan kirjassa *Pelastus armosta*, sovitusprosessi koostuu kokonaisuudessaan siitä, että meidät pelastetaan:

- ◆ synnistä
- ◆ armon kautta
- ◆ uskostamme Jeesukseen
- ◆ Isän yhteyteen Hengessä.

Monet uskovat iloitsevat kyllä ensimmäisestä kolmesta pelastuksen osa-alueesta mutta eivät ymmärrä, että sovituksen tarkoitus on, että he voisivat tuntea Isän ja elää hänen yhteydessään sellaisessa riippuvuussuhteessa, joka Isän ja Pojan välilläkin on havaittavissa.

3. Kumppanit tuomiossa

Sama on totta myös viimeisenä päivänä. Vaikka Isä onkin Jumalan tuomion lähde, Poika on kuitenkin se, joka toteuttaa

Isän tunteminen

hänen tuomionsa – tämä havaitaan läpi Ilmestyskirjan sekä kohdissa Joh. 3:18, 5:22 ja Ap. t. 17:31. Isän ja Pojan toiminta viimeisenä päivänä voidaan havaita myös valtakunnan valmiiksi tulemisessa ja uudessa taivaassa ja maassa. Kohdat Ef. 1:10, Fil. 2:9–11 ja 1. Kor. 15:28 osoittavat, että fokus on Jeesuksessa mutta että Isän etusija on kaikista tärkeintä.

Isä Jumala
Edellä on havaittu, että Isä puhuu ja toimii aina Poikansa kautta Pyhässä Hengessä – luomisesta lihaksi tulemisen kautta aina viimeiseen tuomioon asti.

Jokainen Jumalan nimen ja luonnon puoli, jokainen hänen ikuisen isyytensä osa-alue, voidaan nähdä ja kuulla siinä Isä–Poika-suhteessa, joka tuotiin julki 2000 vuotta sitten ja josta nyt voidaan lukea Uudessa testamentissa. Tämän vuoksi meidän täytyykin lakata ajattelemasta Jumalaa pelkästään abstrakteilla nimikkeillä ja alkaa ymmärtää, mitä Pojan kautta puhuva ja toimiva Isä todellisuudessa merkitsee. Voidaan esimerkiksi sanoa, että:

- ◆ Jumalan rakkaus ei ole jokin täydellinen rakkauden ihanne: Jumalan rakkaus on se käytännöllinen rakkaus, joka – Pojan armossa – tulee etsimään ja pelastamaan ne, jotka ovat erossa Isästä, ja luomaan heille – maksamalla valtavan jumalallisen hinnan – ikuisen yhteyden Isän kanssa Hengen kautta.

- ◆ Jumalan voima ei ole yleistetty suvereeni kaikkivaltius: Jumalan voima on se tietty voima, jonka kautta ääretön hengellinen Poika ilmoitti äärettömän hengellisen Isän tulemalla rajalliseksi aineelliseksi ihmiseksi ja – Voideltuna – parantamalla sairaat, kestämällä ristin kärsimykset ja nousemalla kuolleista.

- ◆ Jumalan totuus ei ole eettinen ja filosofinen joukko ajatuksia: Jumalan totuus on joukko Isän henkilökohtaisia sanoja ja ajatuksia, jotka ilmaistaan Pojan persoonassa, sanoissa ja teoissa.

Isä ja Poika

    Jumalan ajatteleminen tällaisella tavalla – käytännöllisellä ja suhteita painottavalla tavalla – tarkoittaa yksinkertaisesti jo edellä käsittelemämme Matteuksen evankeliumin jakeen 11:27 totuuden soveltamista. Se on sen ymmärtämistä, että Isä on antanut kaiken Pojalle ja ettei kukaan muu voi tuntea Isää kuin Poika – ja ne miehet ja naiset, joille Poika on valinnut hänet ilmoittaa. Meidän ei koskaan pidä lakata kiittämästä Jumalaa siitä, että me saamme kuulua näihin ihmisiin.

Osa 5

Isä ja Henki

Osa 4 aloitettiin tutkimalla Jumalan kolmiyhteistä luontoa, jonka jälkeen siirryttiin käsittelemään sitä, mitä Raamattu opettaa "Isästä ja Pojasta". Tämä luku rakentuu niiden täysin samojen asioiden varaan, mitä Jumalan kolmiyhteisestä luonnosta edellä opittiin, mutta niiden pohjalta keskitytäänkin tässä luvussa tarkastelemaan "Isää ja Henkeä".

Uusi testamentti esittelee Pyhän Hengen Kolminaisuuden kolmantena jäsenenä ja tekee selväksi, että hän on täysin inhimillinen ja täysin jumalallinen. Jos "Henki" olisi ainoastaan vertauskuvallinen tapa kuvata Jumalan voimaa, Uusi testamentti ei toistuvasti kutsuisi Henkeä sanalla "hän" sanan "se" sijasta, eikä myöskään kuvaisi häntä toimimassa läpikotaisin henkilökohtaisella tavalla.

Uudessa testamentissa esimerkiksi paljastetaan, että Henki kuulee, auttaa, todistaa, vakuuttaa, tuomitsee, käskee, julistaa, johtaa, ohjaa, suree, opettaa, kieltää, vastustaa, haluaa, puhuu ja antaa sanoja puhuttavaksi. Voitaisiin tietenkin väittää, että kun puhutaan siitä, että Henki suree, tarkoitetaan yksinkertaisesti sitä, että Jumala suree. On kuitenkin epätodennäköistä, että hän voisi tehdä *kaikkia* edellä lueteltuja asioita, jos hän ei olisi erillinen persoona.

Mikä tärkeintä, jos "Pyhä Henki" olisi vain yksi tapa muiden joukossa, jolla Jumalan läsnäoloa kuvataan, Uusi testamentti ei tekisi niin selväksi, että hän on Jumala mutta samalla eri kuin "Isä" ja "Poika".

Jakeiden Matt. 28:19; Ap. t. 5:3-4; 1. Kor. 12:4-6; 2. Kor. 13:14; Ef. 1:3-14, 2:18, 3:14-19, 4:4-6; 2. Tess. 2:13-14; 1. Piet. 1:2 ja Ilm. 1:4-5 kaltaiset kohdat liittävät toisiinsa Isän

Isän tunteminen

Pojan ja Hengen tavalla, joka osoittaa, että Henki todella on Kaikkivaltias Jumala.

Johanneksen evankeliumin jakeet 14:26, 15:26, 16:8 ja 16:13-14 todistavat erityisen selvästi Hengen omasta erillisestä persoonasta. Kyseisissä jakeissa käytetään maskuliinimuotoista painollista pronominia *ekeinos* ("hän"), kun taas nimisana *pneuma* ("Henki") on kreikan kielessä neutri ja sitä vastaava aramean kielen (Jeesuksen puhuma kieli) sana on feminiini.

Vaikka tämä keino ei välitykään suomenkielisiin käännöksiin, se on silmiinpistävä kreikan kielessä ja osoittaa, että Henki todella on "hän" eikä "se". Tämä tapa käyttää sanaa *ekeinos* on erityisen huomiota herättävä siksi, koska kieliopillisesti oikeita neutrimuotoisia pronomineja kuitenkin käytetään Johanneksen evankeliumin jakeessa 14:17, jossa Henki ensimmäisen kerran esitellään. Tämä osoittaa, että vaihtaminen maskuliinimuotoon jakeessa 26 ei ole virhe: se on tapa ilmaista Hengen persoonallisuutta.

Jeesus ja apostolit selvästikin ymmärsivät, että Henki toimi persoonana Vanhassa testamentissa ja että Vanhan testamentin viittaukset Jumalan henkäykseen tarkoittivat Hengen toimintaa persoonana. Esimerkiksi:

- ◆ Mark. 12:36; Ap. t. 1:16 ja 4:25 – Pyhän Hengen kerrotaan puhuneen Daavidin kautta 2. Samuelin kirjan jakeessa 23:2

- ◆ Luuk. 4:18-21 – Jeesus, persoonallisen Pyhän Hengen voimalla täytettynä, vakuuttaa, että hänen julistuksena täyttää sen, mitä Jesaja todisti omasta voitelustaan Hengessä Jesajan kirjan jakeissa 61:1-4

- ◆ Joh. 3:5-10 – Jeesus nuhtelee Nikodemosta siitä, ettei tämä ymmärtänyt, että Jeesuksen opetus syntymisestä uudesti "vedestä ja Hengestä" perustui Hesekielin kirjan kohtiin 36:25-27 ja 37:1-14

- ◆ Ap. t. 28:25; Hepr. 3:7 ja 10:15-17 – Henkeen sovelletaan Vanhan testamentin opetusta Uuden testamentin tulkinnan mukaisesti

Isä ja Henki

◆ Ap. t. 2:16–18 – Pietari tunnistaa Joelin kirjan (2:28–29) ennustuksen toteutuneen persoonallisen Hengen vuodatuksessa.

Hengen toimintaa käsitellään kokonaisuudessaan kirjassa *Hengen tunteminen* ja meidän kumppanuuttamme Hengen kanssa kirjassa *Palveleminen Hengessä.* Tässä kirjassa perehdytään sitä vastoin siihen, kuinka Hengen toiminta liittyy Jumalan isyyteen.

Uudessa testamentissa mainitaan kaksi ilmoitusta, jotka ovat sen työn seurausta, jota Henki tekee uskovien elämissä:

◆ Jeesus on Herra – 1. Kor. 12:3

◆ Abba, Isä – Room. 8:15 ja Gal. 4:6.

Kuten havaitaan kirjassa *Hengen tunteminen*, nämä kaksi yhteenkuuluvaa ilmausta kuvaavat ja määrittävät, millaista ja millainen Hengen toiminta perimmiltään maailmassa ja seurakunnassa on.

Meistä tulee Kristuksen ruumiin jäseniä, kun saamme suhteen Pojan ja Isän kanssa ja kun tunnustamme Pojan ja Isän. Hengen työ on sekä luoda tuo suhde että saada aikaan tunnustamista. Siispä kaksi olennaisinta kysymystä, joihin jokaisen uskovan tulisi vastata, ovat:

◆ Elänkö Jeesuksen herruuden alla?

◆ Tunnenko Jumalan Isänä?

Hengen työtä suhteessa Jeesuksen herruuteen käsitellään kirjassa *Jumalan hallintavalta.* Tässä kohtaa keskitytään sitä vastoin siihen, kuinka Henki toimii auttaakseen meitä tuntemaan Isän.

Abba

Sanoja "Abba, Isä" ei oikeastaan tarkasti ottaen voida luokitella täysin samankaltaiseksi ilmoitukseksi kuin sanoja "Jeesus on Herra". Ilmaus "Jeesus on Herra" on selvästi *uskontunnustus*, joka on osoitettu ympärillä oleville ihmisille ja jonka tulisi olla kaiken kristillisen elämän ja todistamisen perustana.

Isän tunteminen

Ilmaus "Abba, Isä" sitä vastoin on pikemminkin *ylistyshuuto*, joka on osoitettu Jumalalle ja jonka tulisi olla kaiken kristillisen rukouksen ja ylistyksen perustana. Kuten havaitaan kirjassa *Hengen tunteminen*, Pyhä Henki pyrkii innoittamaan ja valtuuttamaan sekä *meidän todistamistamme* että *meidän ylistämistämme*.

Ylistyshuuto "Abba Isä" ei ensisijaisesti kuvaile Jumalaa (vaikka se sitäkin tekee), vaan pikemminkin se pohjimmiltaan kuvaa sitä tapaa, jolla me lähestymme Jumalaa, Isäämme, Hengen avaamaa kulkuväylää pitkin.

Trinitaarinen huuto

Kaiken tähän asti käsitellyn perusteella meidän tulisi kyetä ymmärtämään, että ylistyshuuto "Abba" on sekä asiayhteydeltään että merkitykseltään läpikotaisin trinitaarinen, kolmiyhteinen. Jo sana "Abba" itsessään tekee selväksi, että uusi nimi, jolla Jumalaa kutsumme, ei ole meidän valitsemamme tai keksimämme. Se tulee Jeesukselta, joka ensin puhui Jumalalle kyseistä sanaa käyttäen.

Aina kun lähestymme Jumalaa huutaen "Abba", me epäsuorasti tunnustamme, että olemme Pojalta oppineet tämän tavan lähestyä häntä. Oikeutemme kutsua Jumalaa nimellä "Abba" tulee Pojalta ja saamme sen Hengeltä – joka ottaa sen, mikä ensin oli Kristuksessa, ja tekee sen todelliseksi meille.

Yksinkertaisesti sanottuna, me lähestymme Isää ja kutsumme häntä nimellä "Abba" Pojan kautta ja Hengessä.

Sanan "Abba" alkuperä

Kaikkina aikoina ja kaikenlaisissa traditioissa eläneet, kaikkia mahdollisia kieliä puhuneet kristityt kaikista kansoista ovat käyttäneet sanaa "Abba" omassa kulttuurissaan ja asiayhteydessään. Jotta sanan merkitys voitaisiin tarkasti ymmärtää, täytyy sitä tarkastella siinä nimenomaisessa kulttuurissa ja asiayhteydessä, jossa Isä valitsi ilmoittaa itsensä "Abbana" Pojan kautta.

Isä ja Henki

Tähän liittyy kaksi puolta, joista molemmat ovat yhtä tärkeitä.

1. Juutalainen tausta

Jeesuksen päivinä isyys ymmärrettiin melko erilaisella tavalla kuin nykyään. Esimerkiksi tuhlaajapoikavertauksessa on selvänä olettamuksena, että poika on koko elämänsä ajan riippuvainen isästään. Luukkaan evankeliumin jakeissa 15:11-32 kerrotaan, kuinka vanhempi poika toimi juuri niin kuin poikien odotettiinkin tuossa kulttuurissa toimivan – hän pysyi lähellä isää, työskenteli isän alaisuudessa, sai toimeentulonsa isältä ja pysyi isän arvovallan alla.

Nuorempi poika teki syntiä isäänsä vastaan – eikä ainoastaan valitsemalla epäterveen elämäntavan, vaan myös siinä, että hän halusi itsenäisyyttä ja lähti isänsä kodista. Nykyäänhän pidetään kypsyyden merkkinä sitä, kun aikuinen poika jättää isänsä kodin ja elää itsenäistä elämää. Jeesuksen päivinä kuitenkin jokainen isä oli kaikkien lastensa ehdoton elättäjä ja suvereeni suojelija koko elämänsä ajan. Tämä ensimmäisen vuosisadan patriarkaalinen lähestymistapa on jo jäänyt menneisyyteen, mutta meidän on syytä yhä edelleen tunnistaa tämä kulttuurillinen tausta, jossa Jumalan isyys ilmoitettiin.

Uudessa testamentissa esitelty Jumalan ensimmäinen persoona ei ole 2000-luvun isä: hän on ensimmäisen vuosisadan isä, jolla on virallinen ja ehdoton valta yli jopa täysi-ikäisten poikiensa ja tyttäriensä. Hän odottaa kaikkien lastensa pysyvän lähellään, turvautuvan häneen, kunnioittavan häntä, tottelevan häntä, paljastavan perheen nimen ja luonnon – sekä antavan hänelle monia "lastenlapsia".

Kun Henki johtaa meitä Isän luo, kun hän toimii syventääkseen meidän suhdettamme Isään, kun hän innoittaa meitä huutamaan "Abba", hän ohjaa meitä ehdottoman elättäjämme ja suvereenin suojelijamme luo – ei periksi antavan, poissaolevan, epäluotettavan iskän luo.

Isän tunteminen

2. Uskonnollinen tausta

Edellä havaittiin, että sanaa "Abba" käytettiin aluksi juutalaisten keskuudessa, jotka jo tiesivät, että "isä" oli Jumalan perusnimi tai -titteli. Jo se seikka, että "Abba" on arameankielinen eikä kreikankielinen sana puhuu sen puolesta, että se täytyy ymmärtää vanhatestamentillisessa asiayhteydessä.

Vanhassa testamentissa on monessa kohtaa esitetty, että isät rakastavat poikiaan mutta että pojat vastaavat isiensä rakkauteen osoittamalla arvostusta ja kunnioitusta pikemmin kuin kiintymystä. Tämä pätee sekä maallisten isien kohdalla, kuten kohdassa 2. Moos. 20:12, että Jumalan kohdalla, kuten Jeremian kirjan jakeissa 31:18–20. Kyseisessä raamatunkohdassa Jumalan tuntemaa kaipausta Efraimia kohtaan verrataan siihen myötätuntoon, jota isä tuntee kadotettua poikaa kohtaan. Poika ei kuitenkaan vastaa sanoilla "Abba, Isä" – vaan virallisemmilla ja kunnioittavammilla sanoilla "sinä olet *Jahve*, minun *Elohimini*" (vrt. v. 1933 käännös).

Vanhassa testamentissa Jumalaa kutsutaan "Isäksi" ainoastaan kohdissa, joissa puhutaan profeetallisella tavalla Israelin tulevasta lopullisesta pelastuksesta. Jakeiden Jes. 63:7–16 tärkeää merkitystä käsitellään kirjassa *Hengen tunteminen*, mutta tässä merkittävässä kolminaisuusopillisessa raamatunkohdassa ei ainoastaan nimetä *Jahven* Henkeä "Pyhäksi Hengeksi", vaan siinä lisäksi kutsutaan *Jahvea* nimillä "meidän Isämme" ja "Pelastaja". Osassa 4 opittujen kolminaisuusopillisten näkemysten avulla meidän on mahdollista ymmärtää tätä raamatunkohtaa vielä syvällisemmällä tavalla.

On ehdottoman oleellista, että ymmärrämme tämän seikan tärkeyden. Vaikka Vanha testamentti on täynnä Jumalan eri nimiä ja ominaisuuksia, vasta kun profeetta puhui tulevasta Jumalan sovitustyöstä Hengen voitelussa ja Hengen innoittamana, mainitaan ensimmäisen kerran ymmärrys siitä, että *Jahve* on "meidän Isämme, meidän Lunastajamme" (v. 1933 käännös). Emme siis yksinkertaisesti voi tuntea Isää ilman Pyhän Hengen apua.

Isä ja Henki

Sama periaate voidaan havaita myös Psalmin 89 jakeissa 19-26. Psalmi 89 on profeetallinen Psalmi, joka puhuu tulevasta messiaanisesta kuninkaasta. Tuo kuningas on se, jonka Jumala voitelee jumalallisella pyhällä öljyllä – Hengellä – ja joka huutaa: "Sinä olet minun isäni, olet minun *Elohimini*, turvakallioni".

Tästä siis havaitaan, että Jumalan tunteminen "Abbana" ei kumpua asiayhteydestä, jossa puhuttaisiin hyväntahtoisesta luojasta, joka välittää lapsistaan, vaan asiayhteydestä, jossa puhutaan tulevasta Hengen voitelemasta Lunastajasta. Kun Jeesus käyttää sanaa "Abba", hän viittaa suoraan Jesajan kirjan lukuun 63 ja Psalmiin 89 ja osoittaa, kuinka äärimmäisen tärkeää on tuntea Isä Lunastajana nimenomaan Hengen kautta.

Getsemane
On mahdotonta liioitella sen asiayhteyden tärkeyttä, jossa Raamattu kertoo Jeesuksen kutsuneen Jumalaa "Abbaksi". Vanhatestamentillisen lunastuksesta puhuvan taustan valossa ei pitäisi tulla yllätyksenä se, että Jeesus lausuu sanan "Abba" juuri Getsemanen puutarhassa odottaessaan Juudasta, ristin tapahtumien häämöttäessä jo näköpiirissä. Tämä voidaan lukea Markuksen evankeliumin jakeista 14:35-36.

Tästä voidaan päätellä, että Isän lapsena olemiseen, hänen lähestymiseensä "Abbana", kuuluu suostuminen hänen tahtonsa hyväksymiseen – jopa siinä määrin, että hyväksytään ristin kärsimys ja uhri.

Jeesuksen huuto "Abban" puoleen Getsemanessa korostaa sitä, että "Isä" on sekä se ensimmäisen vuosisadan ankara juutalainen patriarkka, jota hänen lastensa täytyy järkähtämättömästi totella koko elämänsä ajan, kuin myös se voideltu Lunastaja, joka ei halua mitään niin paljon kuin saada aikaan lastensa pelastuksen.

Tätä ajatusta kehitellään pidemmälle osissa 6 ja 7, joissa käsitellään yksityiskohtaisemmin "Isää ja ristiä" sekä "Isän

Isän tunteminen

tahtoa". Näiden jälkeen, osassa 8, siirrytään "ylistämään Isää" Hengen innoittamilla ylistyshuudoilla.

Getsemane osoittaa, että Pojan ainutlaatuinen suhde Isään ei vapauta Poikaa vastuusta olla kuuliainen, mikä on Isä–Poika-suhteen olennainen osa. Pojan ainutlaatuinen suhde päinvastoin vaatii myös ainutlaatuista kuuliaisuutta mennä ristille.

Kaikki tämä tarkoittaa, että aina kun Henki innoittaa meitä huutamaan "Abba", hän myös innoittaa meitä muistamaan ristiä ja olemaan kuuliaisia Isälle samankaltaisella uhrautuvalla tavalla.

Lunastava Isä
"Abban" lausuminen Getsemanessa todistaa, ettei Jumalan ikuinen jumalallinen isyys muistuta millään tavalla 2000-luvun maallista isyyttä, joten – kuten edellä jo on todettu – meidän ei tulisi ajatella Jumalaa omien maallisten isiemme antaman mallin valossa. Sen sijaan meidän tulisi ajatella häntä Getsemanen näkökulmasta – jossa Poika valmistautuu toteuttamaan Isän lunastustyötä. Sanaa "Abba" ei voida ymmärtää tai käyttää oikein millään muulla tavalla.

Tästä voidaan päätellä, ettei meidän tule ajatella "Isää" minkään yleisluonteisen isyyden käsityksen puitteissa vaan pikemminkin Pojan lunastuskuoleman ja ylösnousemuksen käsitteiden puitteissa – tavalla, jolla Henki hänet ilmoittaa.

Yksinkertaisesti sanottuna Isä tunnetaan Pojan kautta niin kuin Henki hänet ilmoittaa tai paljastaa. Tämän vuoksi voidaankin siis sanoa, että:

- Jumala on "Abba", koska hän tahtoo ristin kuuliaisuuden voidakseen toteuttaa lapsilleen valmistamansa lunastussuunnitelman

- ensimmäisenä Jumalan tuntee "Abbana" Jeesus, ja Jumalan "Abba-isyys" muuttuu laajemmin tunnetuksi vasta, kun Jeesus vetää ihmisiä "Abban" luo Hengen kautta

Isä ja Henki

◆ Jumala ei aina ole ollut kaikkien "Abba", vaan Jeesus ilmoittaa sen ilosanoman, että Jumala on hänen isänsä ja että Jumala haluaa olla myös meidän Isämme – tämä tapahtuu niin, että Henki kutsuu meitä sellaisen uskon ja kuuliaisuuden värittämään yhteyteen, jota Jeesus osoitti Getsemanessa

◆ "Isä meidän" ei ole kaikkien ihmisten rukous kaikkialla – se on niiden opetuslasten rukous, jotka seuraavat häntä, joka huusi "Abban" puoleen Getsemanessa.

Hengen toiminta

Ei riitä, että ainoastaan ymmärrämme sanan "Abba" taustan ja käsitämme, mikä merkitys lunastuksen kannalta oli sillä, että se lausuttiin Getsemanessa. Meidän täytyy lisäksi huutaa se rukouksessa ja ylistyksessä – ja juuri tämä on Pyhän Hengen aikaansaamaa työtä.

Jumalan isyyden tulee olla keskiössä paitsi siinä, kuinka *ymmärrämme* Jumalan, myös siinä, kuinka *koemme* hänet. Meidän on syytä pitää mielessä, että meidät on kutsuttu tuntemaan Isä suhteessa, ei ainoastaan sen kautta, mitä meille hänestä kerrotaan.

Lisäksi on syytä muistaa, ettei kristitty uskova ainoastaan ole henkilö, joka Hengen voimasta on syntynyt uudesti ja joka on kääntynyt Kristuksen puoleen – hän on lisäksi lapsi, joka huutaa Isälleen "Abba".

Uskon elämässämme ei mikään kuitenkaan ole selviö. Teoriassa kääntyminen uskomaan Kristukseen, Hengen voitelu ja yhteys Isän kanssa ovat Jumalan pelastuksen erottamattomia osia – sillä Raamatun Jeesus on tie Isän luo sekä hän, joka kastaa Hengessä. Todellisuudessa on kuitenkin monia uskovia, jotka luottavat Kristukseen mutta jotka eivät tunne Hengen voimaa tai joilla ei ole paljoakaan luottamusta Isään.

Ei varmastikaan ole moniakaan kristittyjä, jotka eivät uskoisi Jumalan isyyteen, mutta eivät kaikki uskovat silti astu sisään

Isän tunteminen

siihen läheiseen, henkilökohtaiseen suhteeseen Isän kanssa, joka heille on avoinna. Astumme sisään siihen ainoastaan Pyhän Hengen työn seurauksena, kun Jumala lähettää Poikansa Hengen elämiimme huutamaan "Abba, Isä".

Pojat ja tyttäret

Tulisi olla itsestään selvää, että Jumalan isyyden tuntemiseen sisältyy myös se, että tunnemme asemamme poikina ja tyttärinä. Henki, joka Roomalaiskirjeen jakeessa 8:15 huutaa "Abba, Isä", on adoption Henki, joka todistaa henkeemme, että olemme Jumalan lapsia.

Tämä tarkoittaa, että Isän tunteminen on itsemme tuntemista. Opimme tuntemaan itsemme tutustumalla jumalasuhteeseemme. Se tosiasia, että Kristuksessa Jumala on tehnyt itsestään meidän Isämme ja meistä hänen lapsiaan, on varmasti kaikista merkittävin ja terapeuttisin tosiasia, jonka koskaan voimme oppia.

Tämä tutustuminen on ilmainen Hengen antama lahja, sillä Henki tekee meissä todelliseksi sen, minkä Kristus on meidän puolestamme saanut aikaan. Tämä tulee erittäin selväksi kohdissa Room. 8:16 ja Gal. 4:6. Me itse emme ole niitä, jotka huutavat, vaan Henki huutaa meille ja meidän kauttamme. Tämä tarkoittaa, että meidän täytyy hengessämme kuulla Hengen sanovan "Abba", ennen kuin voimme sanoa sen itse.

Edellä on havaittu, että Jeesus löysi voiman ja kuuliaisuuden kaikkiin sanoihinsa ja tekoihinsa – myös kuolemaansa ja ylösnousemukseensa – suhteestaan Isään. Tiedämme myös, että Hengen työ on ottaa Jeesuksen asiat ja tehdä niistä todellisia meille – niin että me saamme olla osallisia niistä hänen kumppaneinaan. Kuten tässä *Hengen miekka* -kirjasarjassa toistuvasti havaitaan, tämä on jokaisen armolahjan perusta.

Juuri sen vuoksi se on myös perimmäisen lahjan, armon, perusta: Henki pyrkii vetämään meitä siihen suhteeseen, joka Pojalla on Isän kanssa, niin että me voisimme olla osallisia siitä jollakin tavalla, olla kumppaneita tuossa suhteessa. Syvällä meissä Pyhä Henki huutaa meille meidän vakuuttamiseksemme

Isä ja Henki

siitä, että Jeesuksen "Abba"-Isä on myös meidän Isämme. Vasta kun vastaamme tähän Hengen huutoon elävällä uskolla, voimme alkaa tuntea Isää.

Perilliset

Sekä Roomalaiskirjeen luvussa 8 että Galatalaiskirjeen luvussa 4 siirrytään "lapseudesta" suoraan "perimiseen", sillä juuri lapset ovat niitä, jotka perivät vanhempansa. Tätä perintöä kuvaillaan läpi Roomalaiskirjeen luvun 8, mutta erityisen tärkeä on jae 17. Perilliset tunnetaan heidän suhteestaan Isänsä kanssa – joka on sama suhde kuin mikä pääperilliselläkin on. Perheen samankaltaisuus, jumalallinen nimi ja luonto, jota käsiteltiin tämän kirjan osassa 2 ja joka kaikkein selvimmin on havaittavissa Jeesuksessa, kehittyy Isän todellisten perillisten elämissä. Ja juuri tämä on Hengen aikaansaamaa työtä.

Todellisissa perillisissä ilmenee samaa itsensä antavaa riippuvuutta ja kuuliaisuutta kuin pääperillisessäkin, samaa armoa ja laupeutta syntisiä ja tarvitsevia kohtaan, samaa Getsemanen kirkkautta ja hyväksyntää, samaa pyhyyttä, voimaa ja arvovaltaa, samaa paradoksien sekoitusta – kuolemista ja ylösnousemista, palvelemista ja hallitsemista, kärsimistä ja voittamista, nöyryyttä ja itsevarmuutta, heikkoutta ja voimaa, ylimaallista valoa ja läsnä olevaa suolaa ja niin edelleen.

Tämä on Isän tuntemisen suuri haaste: niiden, jotka ovat hänen lunastettuja poikiaan ja tyttäriään ja joilla on etuoikeus olla osallisia hänen "Nimestään", odotetaan myös jakavan hänen luontonsa – kuten Jeesus Getsemanen puutarhassa.

Meidän on syytä tunnistaa, että nimenomaan siinä hetkessä, jossa Poika vahvistaa "Abba"-suhteensa Getsemanessa, hän saa voiman periä pääsiäisen kirkkautensa ja kunniansa. Ja juuri siinä hetkessä, jossa me saamme varmuuden omasta "lapseudestamme", me vastaanotamme sen, mitä tarvitsemme voidaksemme sitten vastaanottaa perintömme.

Sekä jae Room. 8:17 että jae Gal. 4:7 painottavat, että perillisen asema on suoraa seurausta lapsena olemisesta. Roomalaiskirjeen jae 8:17 myös osoittaa, että siinä

Isän tunteminen

asiayhteydessä, jossa perilliset lähestyvät Isäänsä "Abbana", täytyy aina olla mukana jotakin Getsemanesta.

Getsemane on se paikka, jossa Poika viimeinkin saa levätä Isän rakkauden suomassa turvassa – ja jossa hän tietää, että hän voi luottaa siihen ja kaikkeen sen hänelle takaamaan huolenpitoon. Se on kuitenkin myös se paikka, jossa Poika kutsutaan uuteen ja kalliin hinnan maksavaan kuuliaisuuteen, jossa hän ymmärtää, että edessä olevaan matkaan liittyy niin kuolemaa kuin kirkkauttakin.

Tätä juuri Isän tunteminen tarkoittaa, ja tämä on se perintö, joka kaikille Jumalan lapsille on luvattu. Kuten havaitaan kirjassa *Jumalan kirkkaus seurakunnassa*, kirkkaus on meidän määränpäämme, mutta kirkkauteen johtava tie on päällystetty uhrauksilla.

Pyhitys

Tulisi olla selvää, että Isän nimen ja luonnon perimiseen liittyy pyhitystä. Tätä käsitellään kirjan *Hengen tunteminen* osassa 6, jossa havaitaan, että pyhitys on tärkeä osa sitä työtä, mitä Pyhän Henki tekee.

Henki haluaa meissä saada yhä enemmän aikaan perheenjäsenten samankaltaisuutta, jonka ytimessä ovat Pojan ehdoton kuuliaisuus Isälle sekä Pojan ja Isän keskinäinen riippuvuus toisistaan. Kun annamme Hengen tehdä työtään meissä ja meidän kauttamme, alamme yhä enemmän muistuttaa perheemme Nimeä.

Todellinen kristillinen kypsyys ei ole ainoastaan sitä, että muistellaan kristillisen elämän alkua, Jeesusta ristillä (vaikka se onkin myös sitä). Se ei ole ainoastaan sitä, että huolehditaan kristillisen elämän toimivuudesta, Hengen voimassa elämisestä (vaikka se sisältääkin myös sitä). Todellisessa kristillisessä kypsyydessä on aina myös kyse siitä, että katsotaan Isään, odotetaan toivoa täynnä sitä kristillisen elämän määränpäätä, jolloin kypsyytemme on täydellistä ja olemme valmiita siihen, että Isä vastaanottaa meidät ja meidät liitetään Pojan seuraan.

Isä ja Henki

Ensimmäisen Tessalonikalaiskirjeen jakeet 5:23-24 osoittavat, että Isä on kokonaisvaltaisen pyhityksen, täydellisen rauhan ja kokonaisuuden Jumala. Matteuksen evankeliumin jae 5:48 taas opettaa, että Jeesuksen tärkeä tavoite on saattaa jokainen uskova taivaallisen Isämme ehdottomaan täydellisyyteen, hänen ikuiseen ja äärettömään täyteyteensä.

Kirjassa *Jumalan hallintavalta* havaitaan, että Isän hallintavallan todellisuus muuttaa meidän suhteitamme ja asenteitamme. Se saa ihmisten säännöt vaihtumaan henkilökohtaiseen suhteeseen Isän kanssa – Isän, joka ohjaa meitä henkilökohtaisesti Hengen kautta ja antaa meille Hengessä kaiken, mitä tarvitsemme hänen hallintavallassaan pysymiseen. Ikuinen rauha ja täyteys ovat tämän väistämättömiä seurauksia.

Apostolien tekojen jakeessa 1:4 Jeesus lupaa, että Henki, jonka Poika lähettää, on se, minkä "Isä on teille luvannut". Luvattu Henki on tullut Isän luota liittääkseen meidät yhteen Isän kanssa, ja hänet on lähettänyt se, joka on täydellinen Isässä voidakseen tehdä meistäkin täydellisiä hänessä.

Kun kuulemme hengessämme uskon kautta Pyhän Hengen huutavan "Abba", kun innokkaasti yhdymme Hengen huutoon huutamaan elämässämme "Abba, Isä", pyhityksemme alkaa kasvaa kohti kirkasta täyttymystään Isässä.

Osa 6

Isä ja risti

Se mitä Jumalan kolmiyhteisestä luonnosta opittiin osan 4 alussa on jälleen tässäkin luvussa perustana, kun ryhdytään tarkastelemaan Isää ja ristiä, sillä juuri Isän, Pojan ja Hengen välinen suhde – heidän ykseytensä, erillisyytensä ja jumalalliset paradoksinsa – tekee mahdolliseksi ymmärtää ristiä.

Ristin tapahtumat paljastavat selkeästi Jumalan kolmiyhteisen luonnon. Ne tuovat julki Pojan ja Isän välisen ainutlaatuisen suhteen ja tekevät mahdolliseksi sen, että Henki voi siirtyä Isän luota meidän luoksemme.

Risti on paitsi kristillisen uskon keskiössä, myös Jumalan sydämen ydintä: se jakaa erilleen ja yhdistää toisiinsa Jumalan kolme persoonaa ja paljastaa heistä asioita aivan erityisillä tavoilla. Esimerkiksi Isän ja Pojan välinen ero ilmenee Golgatalla, kun Isä hylkää Pojan synnin ja kuoleman valtaan, ja heidän jumalallinen ykseytensä taas voidaan havaita siinä, kun Isä herättää Pojan kuolleista, ja siinä, kun he yhdessä lähettävät Hengen.

Ristin tapahtumia ja aikaansaamia asioita käsitellään kattavammin kirjassa *Pelastus armosta*. Tässä niitä kuitenkin lähestytään erityisesti Isän näkökulmasta, jotta voidaan löytää, mitä Golgatan tapahtumat meille juuri hänestä voivat opettaa.

Miksi risti?

Uusi testamentti opettaa, että kapinnallisuus ja tottelemattomuus ovat ihmisiä leimaavia piirteitä. Ne voitaisiin kiteyttää yksinkertaiseen sanaan "ei". Kaikki ihmiset ovat sanoneet "ei" Jumalan tahdolle ja Jumalan armolle ja ovat valinneet hallita itse omaa elämäänsä. Jumala on vastannut

Isän tunteminen

tähän ihmisten "ei"-päätökseen ainoalla pyhällä, hänelle mahdollisella tavalla: vanhurskaalla tuomiolla.

Hylkäys

Useimmat seurakuntien johtajat painottavat aivan oikeutetusti 2. Tessalonikalaiskirjeen jakeiden 1:6–11 kaltaisia kohtia ja opettavat, että vanhurskas Jumala *tuomitsee* ja *rankaisee* ihmisten tottelemattomuudesta. Meidän on kuitenkin syytä myös pitää mielessä se Uuden testamentin totuus, että Jumalan rangaistus ilmaistaan yleensä synnin seurausten aktiivisena *hylkäämisenä*. Tästä jumalallisen rangaistuksen puolesta voidaan lukea esimerkiksi kohdassa Room. 1:18–32.

Jae 18 opettaa, että Jumala on antanut vihansa ihmisten pahuutta kohtaan ilmestyä, ja tämän jälkeen jakeet 24, 26 ja 28 osoittavat, että Jumala ilmaisee vihaansa pyhällä hylkäämisellä.

◆ Meidät on jätetty sydämiemme synnillisten mielihalujen valtaan.

◆ Meidät on jätetty häpeällisten himojemme valtaan.

◆ Meidät on jätetty kelvottoman mielemme valtaan (v. 1938 käännös).

Kreikan kielen verbi *paradidomi* – joka esiintyy näissä jakeissa kolmeen kertaan – tarkoittaa "luovuttaa jollekin", "antaa jollekin", "toimittaa" tai "hylätä". Se osoittaa, että Jumalan hylkääminen on aktiivista pikemmin kuin passiivista toimintaa. Samaa verbiä käytetään myös Roomalaiskirjeen jakeessa 8:32 kuvaamaan sitä, kuinka Jumala reagoi ihmisten kapinointiin.

Tämä hylkääminen on Jumalan ehdottoman pyhyyden vääjäämätön seuraus. Isän moraalinen täydellisyys pakottaa hänet vetäytymään pois synnistä, ja juuri hänen vanhurskaan tuomionsa tähden synnin ja kuoleman voimat kykenevät toimimaan esteettömämmällä tavalla.

Ihmisten kapinallisuus ja tottelemattomuus ovat pohjimmiltaan kapinointia sellaista elämää vastaan, jota Jumala tahtoo meidän elävän. Äärettömästi rakastavan Jumalan tuomio on antaa ihmisten toimia oman tahtonsa

Isä ja risti

mukaan – kunnes huomaamme, että hylkäämällä Jumalan lopputuloksena onkin kuolema.

Isän rakkauden ja laupeuden tähden hänen hylkäämisensä ei kuitenkaan ole ehdotonta ja lopullista. Jeesuksen lihaksi tulemisen ja ristin kautta Isä on toiminut niiden pelastamiseksi, jotka hän on jättänyt synnin voiman valtaan ja siitä saatavaan palkkaan (kts. Room. 6:23). Hän on lähettänyt ainoan Poikansa samaistumaan ihmisiin tulemalla kohdelluksi yhtenä, joka itsekin on Jumalan hylkäämä.

Hyväksyntä

Jumalallinen kuuliainen hyväksyntä on ainoa vastalääke inhimillisen tottelemattomuuden aikaansaamaan hylkäämiseen – hyväksyntä, jolle luonteenomaista on vastata "kyllä" kaikkeen, mitä Isä on, mitä hän sanoo ja mitä hän tekee.

Inhimillinen kapinallisuus voidaan lopettaa ja peruuttaa ainoastaan sanomalla "kyllä" Jumalalle tottelemattomuuden ja synnin hallitsemasta *inhimillisyydestä käsin*. Jumalallinen hylkääminen taas voidaan käsitellä ainoastaan saamalla hyväksyntä ja vastaanottamalla se *Jumalasta itsestään*.

Ristillä Jeesus asetti itsensä vapaaehtoisesti ihmisten synnin ja jumalallisen vihan väliin – nämä kohdistuivat silloin täysin häneen. Ihmisten synti huipentui hyökkäykseen Jumalan Poikaa vastaan, mutta se nujerrettiin lopullisesti tämän hyväksyessä Jumalan tahdon ja osoittaessa anteeksiantavaa armoa. Isän rangaistus, Pojan jättäminen kuoleman valtaan, taas täysin toteutti ja saattoi loppuun Jumalan vihan ihmisten syntiä kohtaan. Tämä havaitaan kohdissa 2. Kor. 5:21 ja Joh. 12:31.

Tämä tarkoittaa, että kuuliaisessa hyväksymisessään Jeesus vaihtoi meidän kapinallisen "ei"-vastauksemme innokkaaseen "kyllä"-vastaukseen Jumalan tahtoon ja armoon. Hän lausui tämän "kyllä"-vastauksen meidän puolestamme, ihmisyydestä käsin, niin että meidät voitaisiin sovittaa Jumalan kanssa. Lisäksi hän lausui "kyllä" Jumalan tuomiolle ottamalla sen itsensä päälle solidaarisuudesta syntisiä ihmisiä kohtaan – hän

Isän tunteminen

jätti itsensä kuoleman valtaan täydellisen kuuliaisena Isälle. Tämä havaitaan Markuksen evankeliumin jakeessa 14:36. Tarjotessaan kuuliaisuutta ja kantamalla tuomion koko ihmiskunnan puolesta Poika sanoo "kyllä" Isälle. Ja nostaessaan Jeesuksen kuolleista Isä sanoo "kyllä" Pojalle – ja sen seurauksena kaikille niille, joiden puolesta Poika toimii. Tässä, hänessä, on pelastuksemme.

Monet uskovat ovat tottuneita keskittymään Pojan tekoihin rististä puhuttaessa. Emme saa kuitenkaan unohtaa 2. Korinttolaiskirjeen jaetta 5:18, joka osoittaa, että sovitus tulee "Isältämme, Lunastajaltamme" – hän laittaa sen alulle, se on hänen työtään ja hän on kaiken siihen liittyvän keskiössä.

Isän aloite

Monet ihmiset uskoivat olevansa vastuussa Jeesuksen ristinkuolemasta. Esimerkiksi:

- Juudas Iskariot uskoi, että Jeesus kuoli, koska hän oli ilmiantanut hänet hänen vihollisilleen.

- Kaifas oletti, että Jeesus kuoli, koska hän oli vaatinut Jeesuksen kuolemaa.

- Pontius Pilatus ajatteli, että Jeesus kuoli, koska hän oli tuominnut Jeesuksen kuolemaan.

- Ihmiset uskoivat, että Jeesus kuoli, koska he olivat anoneet Barabbaksen vapauttamista.

- Roomalaiset sotilaat olettivat, että Jeesus kuoli, koska he olivat teloittaneet hänet.

He kaikki olivat oikeassa. He olivat tappaneet Jeesuksen. He olivat kuitenkin myös väärässä, sillä ristin tapahtumien juuret olivat Isän tahdossa ja armon sävyttämässä aloitteessa. Kyse oli Isän suunnitelmasta, hänen ajatuksestaan, hänen tahdostaan, hänen hyvästä tarkoituksestaan.

Monet uskovat keskittyvät Pojan vapaaehtoiseen uhriin ristiä ajatellessaan ja sivuuttavat Isän uhrilahjan. Toiset taas asettavat vastakkain Pojan rakkauden, joka ilmeni

Isä ja risti

hänen kuolemassaan, ja Isän vihan, joka vaati lepyttämistä. Kummassakaan näistä lähestymistavoista ei kuitenkaan muisteta ottaa huomioon Jumalan ykseyttä. Tästä johtuen näin ajattelevien ihmisten on vaikea luottaa siihen, että Isän rakkaus todella on kaiken sen ytimessä, kuinka Jumala toimii ihmisten keskellä.

Aina jos Isän sovitukseen liittyvä armontäyteinen aloite jää huomaamatta tai se ymmärretään väärin, hänen isällinen rakkautensa tulee väistämättä loukatuksi – ja me menetämme yhden tärkeimmistä varmuuden antavista totuuksista. Monissa kristillisissä traditioissa on valitettavasti uskovia, jotka ajattelevat, että heidän täytyy piiloutua Jeesuksen hellän rakkauden taakse voidakseen pelastua edelleen vihaisen Isän juuri ja juuri hallittavissa olevalta vihalta. Tällaisten uskovien on vaikea iloita ihmeellisestä asemastaan kaikkirakastavan Jumalan poikina ja tyttärinä.

Toisen Korinttolaiskirjeen jakeet 5:18–21 tekevät selväksi, että Jumala on sovituksen armontäyteinen alullepanija, ja sama havaitaan myös Roomalaiskirjeen jakeissa 5:8 ja 8:3. Kirjan *Elävä usko* osassa 9 taas havaitaan, että kohdat Mark. 14:27; Joh. 3:16; Room. 3:25, 4:25, 8:3,32 ja 1. Joh. 4:9–10 kaikki painottavat sitä, että *Isä* lähetti Pojan sovittamaan ihmiset.

On tietenkin myös totta, että muissa kohdin Uutta testamenttia painotetaan Kristuksen uhrin vapaaehtoista luonnetta: kohdat Matt. 20:28; Gal. 2:20; Ef. 5:2,25; 1. Tim. 2:6; Tit. 2:14 sekä Hepr. 9:14 ja 26 vahvistavat, että Poika uhrasi itsensä.

Kun nyt kuitenkin ymmärrämme, että Isä ja Poika jakavat saman luonnon ja että Poika ilmaisee Isän henkilöllisyyden maailmassa, tämän ei pitäisi tulla meille enää yllätyksenä. Isä antoi Pojan, ja Poika antoi vapaaehtoisesti itsensä. Isä ei pakottanut Poikaa kestämään koetusta, jota hän ei olisi ollut valmis kantamaan, ja Pojan epäitsekäs teko ei tullut Isälle yllätyksenä. Tämäkin on taas yksi jumalallinen paradoksi lisää, ja se on tiivistetty näppärästi kohdissa Gal. 1:4 ja Joh. 10:17–18.

Isän tunteminen

Johanneksen evankeliumin jae 3:16 on aivan syystä yksi Raamatun tunnetuimmista jakeista. Se julistaa kuuluvasti, että sovituksen lähtökohdat ovat Isässä: juuri Isä oli se, joka niin rakasti maailmaa, että antoi Poikansa. Kyseiseen jakeeseen sisältyy myös ajatus, etteivät Isän rakkaus ja armo ole seurausta sovituksesta – vaan ne ovat sovituksen lähtökohtia, innoittajia, ja jopa sovituksen ennakkoehtoja. Pojan kuuliaisuus Getsemanessa ja ristillä on ainoastaan vastaus Isän rakkaudentäyteiseen tahtoon. Meidän täytyy jatkuvasti muistuttaa itseämme tästä, jotta voimme ymmärtää Isän suurta rakkautta meitä kohtaan ja iloita hänen isyydestään.

Isän toiminta
Jos Isää, Poikaa ja Henkeä pidetään erillisinä yksilöinä, Golgata nähdään väistämättä vääristetysti. Tällöin ajatellaan, että Golgatalla Jumala rankaisi viatonta Jeesusta tai että Golgatalla Jeesus suostutteli vastahakoista isää.

Toisen Korinttolaiskirjeen jakeet 5:18–19 kuitenkin vahvistavat, että sovituksemme ei ollut yksin Kristuksen aikaansaannosta – eikä yksin Isän aikaansaannosta – vaan aikaansaannosta siitä, kun Isä toimi Pojassa ja Pojan kautta tämän täydellä suostumuksella. Isä ja Poika toimivat sopusoinnussa keskenään. Heidän tahtonsa olivat yksi: niitä ei voida erottaa.

Jumalan vankka ykseys voisi saada päättelemään, että Jumala kuoli meidän puolestamme – ensimmäisen Korinttolaiskirjeen jae 2:8 saattaa jopa tuntua puhuvan tämän puolesta. Jumala on kuitenkin kuolematon, minkä tähden hän ei voinut kuolla. Jumala ratkaisi tämän ongelman tulemalla ihmiseksi, niin että hän kykeni kuolemaan meidän sijastamme ja ottamaan näin itsensä päälle oman tuomionsa. Kohdat Hepr. 2:14–18 ja Fil. 2:6–8 tekevät tämän selväksi.

Tästä seuraa, että sovituksen täytyy olla Isän toimintaa mutta että *sen täytyy olla sitä, että Jumala elää ja uhraa elämänsä ihmisenä*. Hänen, joka on kuuliainen Isälle meidän puolestamme, täytyy olla täysin ihminen tai muuten hänen

Isä ja risti

kuuliaisuutensa ja kärsimyksensä eivät hyödytä meitä. Lisäksi hänen täytyy olla täysin jumalallinen tai muuten sillä, että hän hyväksyy hylkäyksen, ei ole pienimmässäkään määrin merkitystä. Tämä on juurikin se totuus, jota jakeiden Room. 8:3 ja 1. Joh. 4:10 kaltaiset kohdat selvittävät.

On kolme syytä sille, miksi sovituksen täytyy olla Isän toimintaa:

1. Ihmisten kykenemättömyys
Me tiedämme, että synnin tähden ihmisten ei ole mahdollista saada aikaan omaa sovitustaan – edes Hengen avulla. Efesolaiskirjeen jae 2:1 kuvaa tarkasti langennutta luontoamme, ja sen kaltaiset muutokset, joita kohdissa 2. Kor. 5:17 ja Joh. 3:7 hahmotellaan, eivät vain yksinkertaisesti ole niiden mahdollisuuksien rajoissa, joita langenneet ihmiset kykenisivät saamaan aikaan.

Koko Uusi testamentti opettaa, ettei mikään ihmisten teko voi täyttää Jumalan täydellisiä vaatimuksia. Sovituksen täytyy siis olla Isän toimintaa – ja me voimme hyötyä vain sellaisesta, minkä Isä Pojan kautta tekee meidän puolestamme.

Mitä enemmän tunnistamme omaa inhimillistä synnillistä kyvyttömyyttämme, sitä enemmän alamme ymmärtää, kuinka välttämätön Isän sovitustyö – joka toteutui Pojan lihaksi tulemisen kautta – onkaan. Mikään muu ei mitenkään voisi riittää.

2. Jumalallinen armo
Tiedämme myös, että sovitus on armon teko. Tämä tarkoittaa väistämättä sitä, että sovituksen täytyy olla sellainen teko, jonka Jumala suorittaa yksinomaan ja täydellisesti itse.

Meidän täytyy ymmärtää, ettei armoa olisi lainkaan, jos Isä lähettäisi jonkun muun kuin itsensä saamaan sovituksemme aikaan. Vaikka joku ihminen olisi äärettömän täynnä Henkeä, hän ei silti pohjimmiltaan olisi samanlainen kuin Jumala – hänen tekonsa saattaisivat kyllä viitata jumalalliseen

Isän tunteminen

asenteeseen, mutta ne eivät itsessään voisi olla jumalallista toimintaa.

Jotta sovitus voisi olla armon työtä, sen yksinkertaisesti täytyy olla Isän aikaan saamaa. Kaiken edellä käsitellyn perusteella tulisi kyetä ymmärtämään, että – voidakseen olla mahdollista – tähän tarvitaan sekä kolmiyhteistä Jumalaa että lihaksi tulemista.

Juuri tämä armon teko kumoaa kaikki epäoikeudenmukaisuuden syytteet. Jotkut ihmiset syyttävät kristittyjä siitä, että he juhlistavat hirvittävää vääryyttä, että he iloitsevat viattoman miehen rankaisemisesta. Jumala kuitenkin itse antoi tuon uhrin, ja Jumalasta itsestään tuli tuo uhri. Risti ei siis todellakaan ole räikeä epäoikeudenmukaisuus vaan osoitus äärettömästä armosta.

3. Ikuiset seuraukset

Tiedämme myös, että Uudessa testamentissa esitetään, että Kristuksen kuolemalla on ikuisia seurauksia, että se on luomiseen ja viimeiseen tuomioon verrattavissa oleva tapahtuma. Kohdat Gal. 4:4–5 ja Joh. 12:31–32 osoittavat, että ristin tapahtumat vaikuttavat koko maailmankaikkeuden kohtaloon sekä kaikkien siinä elävien ihmisten kohtaloon.

Risti ei ole ainoastaan ylin ilmoitus Jumalan kirkkaudesta ja luonnosta (vaikka se onkin myös sitä). Risti on lisäksi tapahtuma, joka muuttaa kaiken. Ristillä Isä – Pojassa ja Pojan kautta – muodostaa ihmisten ja itsensä välisen suhteen uudelleen kaikkien miesten ja naisten puolesta.

Risti on ikuisesti voimassa oleva Isän sovitusteko ihmiskuntaa varten, ja kaikkien ihmisten täytyy vastata siihen tavalla tai toisella. Risti on muuttanut ihmiskunnan tilannetta niin täydellisesti, että jokaisen täytyy jossakin vaiheessa oppia hyväksymään tämä. Toisen Korinttolaiskirjeen jakeet 5:14–21 todistavat, että risti on Isän toimintaa ja että sillä on ikuisia seurauksia.

Kun olemme hyväksyneet tämän suuren muutoksen, meidän täytyy ymmärtää, että ainoastaan Isä voi saada sen

Isä ja risti

aikaan. Jos kerran sovitus on yhtä tärkeää kuin luominen ja tuomio, vain Luoja ja Tuomari voi saada sen aikaan – tulemalla ihmiseksi Pojassaan ollakseen koko maailman Pelastaja ja Lunastaja.

Isän aikaansaama lopputulos

Monet uskovat tuntuvat ajattelevan, että risti käsittelee pääasiassa ihmisten syntitaakan. Ennen tätä sen täytyy kuitenkin käsitellä Jumalan viha. Voitaisiinkin sanoa, että ristillä Jeesus on enemmän tekemisissä Isän kanssa kuin meidän kanssamme.

Ristillä Jeesus – meidän puolestamme – tarjoaa kuuliaisen hyväksynnän, joka täyttää Isän tahdon ja kantaa Isän tuomion. Jeesus kärsii Isän hylkäyksen, tarjoaa luottamusta ja rakkautta, jotka vastaavat täydellisesti Isän luottamusta ja rakkautta, uskoo työnsä Isän käsiin ja odottaa tuomiotaan. Tämän jälkeen huomio kiinnittyy täysin Isään – mitä hän aikoo tehdä?

Kiitos Jumalalle me tiedämme, että Isä hyväksyy kuuliaisen Pojan, joka poisti Isän tuomion syntiä vastaan, tunnustaa, että Poika on tehnyt tämän meidän puolestamme, ja vapauttaa sitten Pyhän Hengen saamaan aikaan kaikkia eri "uudestisyntymisiä" ja "uusia luomuksia" meissä.

Johanneksen evankeliumin jae 16:7 tekee selväksi, että Pojan täytyy ensin mennä Isän luo ennen kuin Henki voi tulla työstämään tuota uutta tilannetta meissä. Isä on ristin keskipiste, ja sovituksen lopputulos on täysin hänen.

Varmuus

Isä hyväksyy Pojan. Tulisi olla selvää, että tällä on merkittäviä seurauksia meidän varmuuttamme ajatellen. Jos sovituksen ymmärtämisessä keskitytään lähinnä anteeksiantamuksen synnyttämiin tunteisiin, varmuutemme riippuu pitkälti ainoastaan omista henkilökohtaisista tunteistamme. Jos meistä ei tunnu siltä, että olemme saaneet anteeksi, kamppailemme sen kanssa, olemmeko todella saaneetkaan.

Isän tunteminen

Luottamuksemme ristiin ei kuitenkaan riipu omista tunteistamme: se riippuu siitä tosiasiasta, että Isä on sanonut "kyllä" Pojalle, on herättänyt *hänet* kuolleista, on vastaanottanut *hänet* taivaaseen ja on vapauttanut Hengen seurakuntaan.

Varmuutemme ei siis ole sen varassa, miten omissa tunteissamme koemme anteeksiantamuksen, vaan sovituksen varassa, joka on omasta henkilökohtaisesta asenteestamme riippumaton tosiasia – sovituksen, joka on Isän "kyllä" Pojalle, Pojan työlle ja kaikille niille, joiden puolesta Poika työnsä teki.

Ristin lopputulos ei ole se, että risti on saanut Isän rakastamaan meitä hieman enemmän (sillä hän on aina rakastanut meitä äärettömällä rakkaudella). Se ei myöskään ole se, että risti on tehnyt Jumalasta Isän (sillä hän on ollut Isä läpi koko ikuisuuden). Sen sijaan ristin lopputulos on se, että ristin kautta *jostakin* Isästä tuli *minun* Isäni. Juuri tämän vuoksi meidän tulisi ylistää ja kiittää häntä lakkaamatta.

Isän suru
Monet saarnaajat puhuvat loputtomasti Pojan kärsimyksistä Golgatalla, ja tätä käsitellään kirjoissa *Pelastus armosta* ja *Pojan tunteminen*. Suhteessa on kuitenkin myös toinen puoli, eikä meidän tulisi laiminlyödä sitä uhria, jonka Isä joutui antamaan luovuttaessaan Poikansa kuolemaan.

Edellä on havaittu, että Isän, Pojan ja Hengen luonnot ovat identtiset mutta että heillä kullakin on omat tehtävänsä. Esimerkiksi sekä Isää että Poikaa kumpaakin yhtä lailla ja samanlaisella tavalla kuvaavia ominaispiirteitä ovat rakkaus ja uhrautuminen, mutta heidän tehtävänsä eroavat toisistaan siinä, että Isä tahtoo asioita ja Poika toteuttaa tuon tahdon, Isä lähettää ja Poika lähetetään, Isä antaa ja Pojalle annetaan.

Roomalaiskirjeen jae 8:32 keskittyy Isään ja osoittaa, että hän antoi jotakin itsestään Pojan antautumisessa – luonto on sama mutta tehtävät eri. Antautumisessaan Poika kärsi hylkäyksen ja kuoleman, kun taas Poikansa antava Isä kärsi ääretöntä rakkaudesta johtuvaa surua.

Isä ja risti

Jotta ristin tämä puoli voitaisiin ymmärtää oikein, täytyy jälleen pitää mielessä Jumalan kolminaisuus. Poika kärsii kuoleman, ja Isä kärsii Poikansa kuoleman. Pojan "isättömyys" ja Isän "lapsettomuus" kuuluvat yhteen. Voitaisiin melkeinpä sanoa, että ristillä Poikansa kuolemassa myös Isän oma isyys kuoli.

On tietysti syytä huomioida, että Isän ja Pojan kärsimiset ovat tarkoitukseltaan erilaisia – ja että vain Kristuksen kärsimykset sovittivat synnit. Tämä ei kuitenkaan tarkoita, että meidän tulisi jättää huomiotta Isän ääretön suru.

Abraham

Roomalaiskirjeen jae 8:32 on mahdotonta lukea ilman, että se toisi mieleen Abrahamin 1. Mooseksen kirjan luvussa 22. Abrahamin suru, jota hän koki valmistautuessaan uhraamaan Iisakin, on varmasti profeetallinen kurkistus "Abban" suruun hetkellä, jolloin hän valmistautui ainoan Poikansa jättämiseen kuoleman valtaan.

Golgatalla ei kuitenkaan ole ketään, joka puuttuisi asioiden kulkuun ja keskeyttäisi uhraamisen. Isän täytyy vain jatkaa ja luovuttaa Poikansa kuolemaan syntisen ihmiskunnan edestä. Voiko kukaan pienimmässäkään määrin kuvitella, millaista tuskaa Isä mahtoikaan tuntea kuullessaan Poikansa huutavan kohdan Mark. 15:34 sanat?

Tuhlaajapoika

On usein todettu, että tuhlaajapoikavertaus, joka löytyy Luukkaan evankeliumin jakeista 15:11–32, kertoo ennemmin isästä kuin pojasta – sillä juuri isä on siinä kaiken keskipisteenä.

On selvää, ettei pojan katuminen ole isän rakkauden ennakkoehto – se on vain keino, jolla hän voi ottaa isän rakkauden vastaan. Isä tähysti ja odotti jo kauan ennen pojan paluuta, ja heti kun hän näki pojan, hän – tietämättä mitään pojan motiiveista – otti tämän ylitsevuotavalla ilolla vastaan.

Isän tunteminen

Isän toiminta on niin erityislaatuista, että ehkäpä kyseistä vertausta pitäisikin kutsua "tuhlaajaisän" vertaukseksi. Sana "tuhlaajahan" viittaa henkilöön, joka kuluttaa tai tuhlaa ylenpalttisesti tai holtittomasti. Vaikka poika kyllä tuhlaa perintönsä ajattelemattomasti, juuri isä on se, joka ylenpalttisen suureellisella tavalla osoittaa myötätuntoa, armoa ja anteeksiantoa pojalleen silloin, kun tämä sitä vähiten ansaitsisi.

Kyseisen vertauksen keskeisin sanoma on ilmoitus Isän ehdottomasta armosta syntisiä kohtaan – ja se on osa Jeesuksen vastausta uskonnollisille johtajille, jotka syyttivät häntä hänen samanlaisesta asenteestaan samanlaisia ihmisiä kohtaan.

Jotkut ihmiset ihmettelevät, mitä tekemistä kyseisellä vertauksella on ristin kanssa, koska he ajattelevat ristiä aina Pojan kärsimyksistä ja armon korkeasta hinnasta käsin. Tämä on kuitenkin vertaus, jonka Poika kertoi ollessaan matkalla ristille. Sen avulla meitä ohjataan havaitsemaan Isän keskeistä asemaa sekä sitä, kuinka täydellisen ja ylenpalttisen vapaasti Isä tarjoaa armoaan.

Kyseisessä vertauksessa poika palasi kotiin ilman suuria odotuksia. Hän oli epävarma siitä, kuinka hänen isänsä suhtautuisi häneen. Hän ei ollut varma, suostuisiko isä edes puhumaan hänen kanssaan. Poika oletti, että hänen täytyisi madella ja anella huomattavan paljon. Paras mitä hän saattoi toivoa oli saavansa sovittua edes niin, että voisi velkojensa takaisin maksamiseksi ryhtyä palkatuksi palvelijaksi perheen tiluksille.

Hän ei elätellyt kuvitelmia, että hänet päästettäisiin perheen kotiin, että hänen annettaisiin olla perheen nimen kantaja tai että hänellä olisi enää pojan asemaan liittyviä etuoikeuksia. Hän ainoastaan toivoi, että hänen isänsä voisi – armossaan ja laupeudessaan – hyväksyä hänet palvelijaksi tai orjaksi. Kyseisen vertauksen avulla Jeesus julistaa, ettei Isä ole lainkaan tällainen, mitä poika mielessään kuvitteli!

Isä ja risti

Ylitsevuotava armo

Monet uskovat ovat kuulleet paljon sovituksen kalliista hinnasta mutta vain vähän Isän vapaasta ja ylitsevuotavasta armosta – Isän, joka niin kiihkeästi toivoi syntisten palaavaan kotiin, että antoi ainoan Poikansa.

Meidän ei tarvitse ymmärtää sovitusta voidaksemme vastaanottaa anteeksiannon. Meidän ei täydy myöskään kyetä ymmärtämään anteeksiannon hintaa voidaksemme hyötyä siitä – voimme oppia siitä myöhemminkin. Anteeksiannon ainoa ennakkoehto on itse asiassa se, että vastaamme Isän armoon ja vapauteen nöyrinä, ojennetuilla käsillä ja kiitollisella, iloisella sydämellä. Tulemme Isän luo, kuten vertauksen poika, ja tartumme Jumalan lupaukseen.

Meidän on syytä pitää mielessä, että jos saarnaamamme evankeliumi ei vaikuta liian hyvältä ollakseen totta, se tuskin edes todella on evankeliumi, ilosanoma! Jos emme kiinnitä katseitamme Isään, jos hän ei ole uskomme keskipiste, jos sivuutamme hänen osansa sovituksessa, on mahdollista, että tarjoamme evankeliumia, jonka mukaan paras mitä ihmiset saattavat toivoa on se, että Isä voidaan suostutella jollakin tavalla edes pitkin hampain sietämään syntisiä Jeesuksen tähden.

Saatamme ajatella, että kotiin palaavien poikien ja tyttärien on tarpeen pitää jonkinlaista etäisyyttä Isään ja että meidän on syytä vuodattaa kaikki kiitollisuutemme Jeesuksen päälle siitä hyvästä, että hän on jollakin tavalla saanut suostuteltua Isän päästämään meidät takaoven kautta takaisin sisään perheen kotiin kaikista alhaisimpina palvelijoina.

Tämänkaltainen tapa nähdä Isä johtaa passiivisuuteen, pelkoon, itsensä tuomitsemiseen, mataliin odotuksiin, rohkeuden puutteeseen ja lakihenkisyyteen. Tuhlaajapoika saattoi kyllä ajatella näin isästä laahustaessaan kohti kotia, mutta vertauksen isä ei ollut lainkaan tällainen – eikä ole myöskään "Abba"-Isä, joka lähetti Poikansa kaukaiseen maahan valmistamaan tien kotiin ja joka nyt odottaa kaipauksella sitä, että voisi opastaa meidät läsnäoloonsa

Isän tunteminen

hänen poikinaan ja tyttärinään, joille kuuluu ehdoton armo ja rajaton ilo.

Uskovana oleminen on sen tietämistä, että Isä on määritellyt identiteettimme ristin kautta ja että hän nyt kutsuu meitä omiksi pojikseen ja tyttärikseen. Hän viittoo meitä astumaan esiin ja vastaanottamaan perintömme – lapseuden viitan, sormuksen merkiksi arvovallasta ja vapauden sandaalit.

Juuri tämä – Isän ilmainen ja vapaa armo – on se, mikä sai Isän lähettämään Pojan ja mikä luo pohjan sovitukselle – niin että sitten, kun hinta on maksettu, Isä voi avata käsivartensa ja toivottaa tervetulleeksi sen valtavan suuren joukon lapsia, joka on tuotu kirkkauteen Pojassa Hengen kautta.

Osa 7

Isän tahto

Edellä pantiin merkille, että "Abba" on Getsemanessa lausuttu sana. Sen sanoi Poika, joka luotti Isäänsä niin täysin, että oli tälle täydellisen kuuliainen. Pojalle hyväksyvä kuuliaisuus oli lapseuden ydinasia – kuten havaittiin kohdissa Matt. 11:25–30; Luuk. 10:21–22; Joh. 5:19,30, 6:38, 7:28–29, 8:26,28–29, 10:18 ja 12:49–50.

Kun katsomme Jeesukseen voidaksemme oppia, kuinka elää Isän poikina tai tyttärinä, havaitsemme, että siihen sisältyy olennaisena osana täydellistä luottamusta ja radikaalia kuuliaisuutta. Voidaankin sanoa, että jumalallisen Pojan lapseuteen sisältyy selkeästi kuuliaisuutta – ja tämän vuoksi onkin odotettavissa, että kuuliaisuus on olennainen osa myös ihmisten lapseutta.

Kirjassa *Elävä usko* havaittiin, että "usko" tai "uskominen" on lähes identtinen raamatullinen käsite "kuuliaisuuden" kanssa. Jumalaan uskominen on olla kuuliainen hänelle, ja kuuliaisuus Jumalalle on häneen uskomista. Sanoja "usko" ja "kuuliaisuus" myös käytetään Uudessa testamentissa lähes keskenään vaihtokelpoisesti.

Kuuliaista uskoa tarkastellaan läpi koko kirjan *Elävä usko*, ja kaikki, mitä tässä luvussa kuuliaisuudesta opitaan, täytyy ymmärtää Jumalan antamasta ja Jumalalta tulevasta "elävästä uskosta" käsin.

Evankeliumin kuuliaisuus

Kuuliaisuuden painottaminen nykyajassa kuulostaa monenlaisista historiallisista, uskonnollisista ja kielitieteellisistä syistä johtuen ankaralta ja pahaenteiseltä. Se "evankeliumin kuuliaisuus" tai "elävä usko", jota Jeesuksessa voidaan havaita,

Isän tunteminen

on kuitenkin "lakihenkisen kuuliaisuuden" täydellinen vastakohta. Vihollinen iloitsee kyetessään saamaan meidät ymmärtämään tärkeitä raamatullisia sanoja väärin, ja yleinen kristillinen käsitys kuuliaisuudesta jonakin "lakihenkisenä" asiana on yksi hänen suurimmista saavutuksistaan. Meidän täytyy oppia ymmärtämään, että "evankeliumin kuuliaisuus" on erilaista erityisesti kolmen ominaispiirteensä tähden.

1. Se on vastaus Jumalan armoon

Evankeliumin kuuliaisuus on aina vastaus Jumalan armoon eikä koskaan armon ennakkoehto. (Armo ei olisi armoa, jos siihen liittyisi jokin ennakkoehto.) Lakihenkisyys esittää, että Isä hyväksyy meidät lapsikseen vain, *jos me tottelemme*. Evankeliumi sen sijaan julistaa, että Isä toivottaa meidät tervetulleiksi hänen luokseen palaavina lapsina juuri sellaisina kuin me olemme, kaikessa kelvottomuudessamme, ja että me vastaamme Isän armoon innokkaalla kuuliaisuudella.

Osassa 6 havaittiin, että Isä ottaa vastaan hänen luokseen palaavat lapset ilman minkäänlaisia ennakkoehtoja – mutta että he palaavat Isän kotiin ja perheeseen, missä Isä on herra ja missä häntä tulisi totella.

Isän armossa eläminen tarkoittaa hänen tahdossaan elämistä, ja juuri meidän evankeliumin kuuliaisuutemme pitää meidät lähellä häntä – ja hänen voimaansa, suojeluansa, huolenpitoansa, täydellisyyttänsä ja niin edelleen. Tästä seuraa, että evankeliumin kuuliaisuus on vapauttavaa pikemmin kuin sitovaa, sillä se pitää meidät sopusoinnussa Isän tahdon kanssa, joka aina tahtoo meille vapautta, eheyttä ja siunauksia.

Johanneksen evankeliumin jakeet 4:32–34 osoittavat, että Pojan kuuliaisuus oli kirjaimellisesti hänen hengellisen ravintonsa lähde. Jeesuksen sanat Johanneksen evankeliumin jakeessa 15:10 taas ovat luonnollista seurausta tästä totuudesta.

Kuuliaisuus ei ole ennakkoehto sille, että voisimme olla Jumalan rakastamia. Sen sijaan Pojan ja Hengen täydellisellä

Isän tahto

rakkaudella ei ole meille mitään parempaa lahjaa kuin se, että se asettaa meidät kuuliaiseen suhteeseen Isän kanssa, joka rakastaa meitä äärettömästi – niin että hänen rakkautensa voi tehdä meistä täysin eheitä.

Edellä on pantu merkille, että Poika eli, kuoli ja nousi kuolleista hyväksyvässä kuuliaisuudessa Isän rakkaudelle ja että mekin voimme löytää samankaltaisen ilon, kun elämme samankaltaisella hyväksynnällä ja kuuliaisuudella.

Evankeliumin kuuliaisuuden ainoan todellisen vaikuttimen tulisi olla halu vastata rakastavalla kiitollisuudella Isän armoon – ei siis rangaistuksen pelko. Ja evankeliumin kuuliaisuuden ainoan todellisen tarkoituksen tulisi olla pitää meidät osallisina vapaasta ja yltäkylläisestä armosta – ja vetää muitakin ihmisiä tuohon armoon.

Kuten kirjassa *Jumalan hallintavalta* havaitaan, juuri tämä on se syy, mikä tekee Jeesuksen sanoista Matteuksen evankeliumin jakeissa 11:25–30 niin järkeenkäypiä: hänen ikeensä todella on hyvä kantaa ja hänen kuormansa aidosti kevyt.

2. Jumala tekee sen mahdolliseksi
Voidaan sanoa, että evankeliumin kuuliaisuus on pikemminkin mahdolliseksi tehtyä kuuliaisuutta kuin vaadittua kuuliaisuutta. Isä ei vaadi mahdottomia ja vetäydy sitten syrjään katsomaan meidän epäonnistumistamme. Sen sijaan hän on antanut meille Pojan ja Hengen, joissa meidän on mahdollista totella häntä.

Kirjassa *Jumalan hallintavalta* opitaan, että Mooseksen laki asetti israelilaisille mahdottomia vaatimuksia, jotka johtivat epäonnistumiseen ja tuomioon, ja että Jeesus tuli vapauttamaan meidät tuosta laista ja korvaaman sen Jumalan henkilökohtaisella hallintavallalla. Tämä tulee selväksi läpi Matteuksen evankeliumin lukujen 5–7 sekä Roomalaiskirjeen jakeessa 8:2.

Meitä uskovia ei ole vapautettu kaikesta kuuliaisuudesta – meidät on siirretty lainkuuliaisuudesta elävään uskoon,

Isän tunteminen

evankeliumin kuuliaisuuteen, ja sääntöjen ja määräysten noudattamisesta Jumalan henkilökohtaisen hallintavallan alle. Filippiläiskirjeen jae 2:13 osoittaa, että Jumala itse tekee nyt työtään meissä ja meidän kanssamme, Hengen kautta, tehdäkseen meille mahdolliseksi toimia hänen tahtonsa ja suunnitelmansa mukaan.

3. Se on henkilökohtainen suhde Jumalan kanssa

Evankeliumin kuuliaisuus on henkilökohtaista elävää kuuliaisuutta "Aballe", ei kuuliaisuutta kokoelmalle yleisiä periaatteita ja yksityiskohtaisia sääntöjä. Tätä käsitellään perusteellisesti läpi koko kirjan *Jumalan hallintavalta*.

Roomalaiskirjeen jakeet 12:1–2 paljastavat, että meidän tulisi vastata itsemme antavalla kuuliaisuudella siihen, että Jumalakin on antanut itsensä, ja – mikä tärkeintä – että se on juuri se tapa, jolla voimme erottaa ja hyväksyä Isän tahdon ja noudattaa sitä.

Kyseisten jakeiden perusteella tulisi olla selvää, että koko evankeliumin kuuliaisuuden prosessi eroaa täysin inhimillisistä yrityksistä elää kristillisten periaatteiden mukaan tai noudattaa kymmentä käskyä – tai edes yrityksistä panna täytäntöön vuorisaarnan periaatteita. Millä nimellä sitä sitten kutsutaankaan – evankeliumin kuuliaisuus, elävä usko tai Jumalan hallintavalta – se on kiistattomasti *henkilökohtainen suhde "Abba, Isän" kanssa*.

Jumalan erityinen tahto

Kuten havaitaan kirjassa *Pojan tunteminen*, Jeesus pyrki lakkaamatta tunnistamaan, mitä hänen Isänsä oli tekemässä, ja tekemään sitä sitten hänen kanssaan. Jeesuksen palvelutyö ei ollut riippuvainen hänen kyvystään olla selvillä jumalallisista periaatteista ja kyvystään noudattaa niitä. Se oli riippuvainen hänen herkkyydestään tunnistaa Isän erityinen tahto – ja tämä herkkyys perustui hänen läheiseen suhteeseensa Isän kanssa.

Isällä oli tietysti myös yleinen tahto ja suunnitelma Jeesuksen elämää ja palvelutyötä varten – joka on esitetty

Isän tahto

Luukkaan evankeliumin jakeissa 4:18-19 – mutta Jeesus ei elänyt jonkin ohjelman tai joidenkin periaatteiden sanelemaa elämää, hän eli hetki kerrallaan pyrkien jokaisessa hetkessä erottamaan, minkä tietyn muodon Jumalan lakkaamaton tahto juuri siinä kyseisessä tilanteessa otti. Tätä erityisen tahdon ja sen erottamisen prosessia käsitellään läpi kirjojen *Elävä usko* ja *Jumalan tunteminen*.

Uskovina me tarvitsemme jumalallista ohjausta, mutta emme siitä syystä, että olemme tietämättömiä Isän yleisestä tahdosta ja suunnitelmasta – tarvitsemme ohjausta siksi, koska tarvitsemme näkökykyä tunnistaa hänen tietty erityinen tahtonsa erilaisissa tilanteissa. Tiedämme esimerkiksi, että parantuminen ja eheys ovat Isän yleinen ja lopullinen tahto kaikille ihmisille kaikkialla, mutta tarvitsemme hänen erityistä tahtoaan voidaksemme tietää, mitä sanoa tai tehdä, kun kohtaamme sairaan ihmisen. Jos pyrimme elämään yleisten periaatteiden mukaan ilman erityistä näkökykyä ja tietämystä, on todennäköistä, että elämme hämmennyksen ja pettymysten keskellä.

Tiedämme, että on juuri Hengen tehtävä paljastaa Isän erityinen tahto meille ja että hän tekee tätä useilla eri tavoilla ja lahjoilla. Pyhän Hengen lahjoja, ominaisuuksia ja johdatusta käsitellään kirjoissa *Hengen tunteminen*, *Palveleminen Hengessä* ja *Jumalan tunteminen*.

Apostolien tekojen jakeissa 16:6-10 voidaan lukea, kuinka Henki esti Paavalia – ensin menemästä yhteen suuntaan saarnaamaan ja sitten menemästä toiseen suuntaan – ja kuinka Paavali lopulta johdatettiin Jumalan erityiselle tielle. Paavali tiesi, että Jumalan yleinen tahto häntä kohtaan oli, että hän saarnaisi evankeliumia pakanoille, mutta hän tarvitsi Hengen apua kyetäkseen erottamaan Isän erityisen tahdon palvelutyötään varten juuri tuossa tilanteessa.

Juuri tällaista "henkilökohtaista johdatusta, erityistä kuuliaisuutta" meidänkin tulee elämässämme noudattaa. Meidän tulee kuunnella tarkasti Henkeä voidaksemme erottaa

Isän tunteminen

Isän erityisen tahdon aivan jokaisessa tilanteessa – ja sitten meidän täytyy olla kuuliaisia tuolle Isän tahdolle.

"Abba"-kuuliaisuus
Aina kun olemme kuuliaisia Isän erityiselle tahdolle, me liitymme Jeesuksen seuraan Getsemaneen sanomaan "Abba". Pojan sanat Markuksen evankeliumin jakeessa 14:36 ovat kaiken erityisen evankeliumin kuuliaisuuden perustyyppi.

Edellä havaittiin, ettei Jeesuksen lapseus automaattisesti tee hänestä kuuliaista. Mutta juuri koska hän tietää Isän rakastavan häntä, hänellä on rohkeutta – elävää uskoa – olla kuuliainen. Tämä elävä suhde Isän kanssa antaa Jeesukselle voiman ja vapauden olla kuuliainen.

Getsemanessa Jeesus menee Isän luo koetellakseen, onko hän ymmärtänyt Isän erityisen tahdon oikein – tulisiko hänen seuraavana päivänä kestää ristin kärsimykset. Markuksen evankeliumin kohdat 8:31, 9:31 ja 10:33–34 paljastavat, että Jeesus jo tietää Jumalan yleisen tahdon. Getsemanessa hän kuitenkin tarvitsee Isän henkilökohtaista vahvistusta koskien Isän erityistä tahtoa tuota yötä ja seuraavia päiviä varten.

Kuuliaisuus kasvotusten Isän kanssa
Jeesuksen "Abba"-kuuliaisuus on Jumalaan kohdistuvaa, Isän kanssa kasvotusten olevaa kuuliaisuutta. Siinä on kyse kuuliaisuudesta Isän tahdolle eikä omien henkilökohtaisten tarpeiden ja halujen tyydyttämisestä.

Elämme ajassa, jossa ihmiset lakkaamatta etsivät välitöntä tyydytystä ja tapoja toteuttaa itseään, ja meidän onkin syytä tunnistaa, että nämä ovat Getsemanen "Abba"-rukouksen vastakohtia. Totta on kuitenkin myös se, että juuri tarpeemme saavat meidät usein juoksemaan Jumalan luo ja että hänen armonsa tähden hän on valmis ottamaan meidät vastaan myös tarpeinemme ja täyttämään nuo tarpeet.

Jeesus ei kuitenkaan ainoastaan halua täyttää meidän tarpeitamme. Kun tulemme hänen luokseen tarpeinemme, hänen pyrkimyksensä on aina tehdä meistä hänen

Isän tahto

opetuslapsiaan – sellaisia kumppaneita, jotka haluavat seurata häntä hänen tähtensä, paljon ennemmin kuin sellaisia, jotka vain haluavat käyttää häntä saadakseen asioita itsensä tähden.

Emme saa koskaan unohtaa, että Jeesus sanoi: "Tulkaa minun luokseni, niin minä lähetän teidät sinne, minne minä valitsen" – hän ei sanonut: "Tulkaa minun luokseni, niin minä annan teille, mitä te haluatte".

Tämä prosessi havaitaan Luukkaan evankeliumin jakeissa 5:1–11:

- ◆ Jeesus täyttää turhautuneiden kalastajien tarpeet.

- ◆ Pietari tuntee ensin tyydytystä kalansaaliin tähden, mutta tulee heti sen jälkeen synnintuntoon ja alkaa tuntea arvottomuutta Jeesuksen voiman edessä.

- ◆ Jeesus kutsuu Pietaria opetuslapseuteen.

- ◆ Jeesus lähettää Pietarin ihmisten kalastajaksi.

Voidaan sanoa, että Pietari kääntyi tarpeisiin pohjautuvasta, itsensä kanssa kasvotusten olevasta suhteesta kuuliaisuuteen perustuvaan, Isän kanssa kasvotusten olevaan suhteeseen – ja että hänen kokemuksensa omasta syntisyydestään oli olennainen osa tätä prosessia. Kun uskomme keskittyy tarpeisiimme, joudumme väistämättä kohtaamaan epätyytyväisyyttä ja pettymyksiä. Jos taas uskomme keskittyy Isään, saamme taatusti kokea eheyttä ja täyttymystä.

Tiedämme tietenkin Jeesuksen myös sanoneen, että niiden tarpeet täytetään, jotka pysyvät hänessä ja seuraavat häntä. Tämä koskee kuitenkin niitä, jotka etsivät Jumalan valtakuntaa ja vanhurskautta – ei niitä, joille heidän omat tarpeensa ovat kaikki kaikessa.

Todellisiin opetuslapsiin voidaan luottaa siinä, mitä he pyytävät, sillä heidän pyyntönsä nousevat heidän suhteestaan Isään ja siitä, että he elävät Isän tahdon mukaan. Kuten Jeesus Getsemanessa, hekin pyytävät Isän tahdon toteutumista, eivät omien halujensa ja tarpeidensa toteutumista.

Isän tunteminen

Liian monet uskovat antavat periksi kiusaukselle, joka kohtasi Jeesustakin Luukkaan evankeliumin jakeissa 4:2-3, ja etsivät voimaa tyydyttää omat henkilökohtaiset tarpeensa. Sen sijaan meidän tulisi noudattaa Jeesuksen vastausta (Luuk. 4:4) ja elää kuuliaisina Jumalan Sanalle. Kun noudatamme Isän tahtoa evankeliumin kuuliaisuudella, saamme huomata, että myös tarpeemme täytetään.

Hengen voimaannuttama kuuliaisuus
Edellä on havaittu, että on Hengen tehtävä pyhittää meitä, tuoda meidät Kristuksen kaltaisuuteen ja tehdä meille mahdolliseksi tuoda julki perheen "Nimeä". Lisäksi kuuliaisuutemme Isän tahdolle on välttämätöntä, jotta Henki voisi kasvattaa Isän luontoa meissä.

Hengellisillä kokemuksilla ja hengellisillä lahjoilla on merkitystä ainoastaan, jos ne ilmaisevat Getsemanen kuuliaisuuttamme "Abba"-Isälle – sillä todellista evankeliumin kuuliaisuutta on se, että seuraamme Jeesusta alttiisti puutarhasta ristille saakka.

Käytännössä tämä tarkoittaa sitä, että meidän tulee, kuten Jeesus puutarhassa, olla valmiita:

- ◆ seuraamaan silloinkin, kun merkit ja vastaukset loistavat poissaolollaan
- ◆ kestämään myös ikävissä ja vaikeissa olosuhteissa
- ◆ antamaan tilaa Jumalan tahdolle, jotta paljon hedelmää voisi kasvaa
- ◆ vastustaa pelkojamme ja olla Kristuksen todistajia – sanoillamme, elämäntyylillämme ja profeetallisella tavallamme suhtautua epäoikeudenmukaisuuteen
- ◆ tulemaan vapautetuiksi tarpeidemme kahleista, jotta voisimme palvella muita
- ◆ olemaan nöyriä muiden ihmisten laillisen arvovallan edessä.

Isän tahto

Kaikesta tästä voidaan päätellä, että voimme olla voimakkaita Hengessä vain, mikäli olemme olleet Jeesuksen kanssa puutarhassa ja sanoneet hänen kanssaan – syvällä vilpittömyydellä – "Abba, Isä, ei niin kuin minä tahdon, vaan niin kuin sinä."

Etusijalla Isän tahto

Edellä havaittiin, että Isän tahto on etusijalla meidän tahtoomme nähden hänen kutsuessaan meitä elämään kuuliaista elämää. Tiedämme myös, että armo on lähtöisin Isästä ja että evankeliumin kuuliaisuus on meidän vastauksemme Isän armoon.

Järjestys on selvä: Isä tekee aloitteet, me vastaamme. Ennen kuin otamme ensimmäistäkään askelta kohti Jumalaa, kun vielä sanomme "ei" hänelle, Isä tulee luoksemme Pojassaan tarjoten vapaata ja ylenpalttista armoaan. Tästä järjestyksestä ei monikaan seurakunnan johtaja ole eri mieltä.

Kun kuitenkin siirrytään tarkastelemaan Hengen työtä, monet seurakunnan johtajat ovat tiukasti eri mieltä toistensa kanssa siitä järjestyksestä, missä Isän ja hänen lastensa tahdot esiintyvät. Monet pastorit esimerkiksi vastaisivat melko eri tavoin alla esitettyihin kysymyksiin.

- ◆ Toimiiko Henki kääntymyksessä ja voitelussa vapaasti ja ehdoitta, vai toimiiko hän meissä vasta silloin, kun me ensin käännymme hänen puoleensa ja pyydämme häntä toimimaan ja annamme hänelle luvan toimia?

- ◆ Onko meillä uskoa siksi, koska Henki on tullut ja luonut tuota uskoa, vai tuleeko hän vasta sitten, kun hän jo löytää uskoa meissä?

- ◆ Saako Henki meissä aktiivisesti aikaan uskoa, vai kutsuuko hän meitä uskomaan ja odottaa sitten passiivisesti, että me omasta vapaasta tahdostamme, ilman hänen vaikutustaan, käännymme hänen puoleensa?

Isän tunteminen

Nämä eivät ole ainoastaan nojatuolikristittyjä kiinnostavia, hiuksia halkovia akateemisia kysymyksiä – ne ovat käytännönläheisiä kysymyksiä, jotka vaikuttavat syvällisesti siihen tapaan, jolla jokainen uskova suhtautuu Isään ja elää kristillistä elämäänsä.

Voiko ihmisen tahto olla etusijalla Isän tahtoon nähden?
John Wesleyn ajoista lähtien monissa protestanttisissa seurakunnissa on ollut suosittua julistaa, että kaikki Jumalan teot meissä ovat riippuvaisia meidän halukkuudestamme ja uskostamme. Monet hengelliset johtajat opettavat, ettei Isä voi tuoda Pojan ja Hengen siunausta ennen kuin me olemme, omasta vapaasta tahdostamme, avanneet hänelle oven tehdä niin.

Tämän ajatuksen seurauksena monet evankeliset saarnat vetoavat ihmisten vapaaseen tahtoon ja pitävät sitä sinä ratkaisevana seikkana, joka määrittää ihmisen pelastuksen. Jos tämä viedään liian pitkälle, voi vaikuttaa siltä kuin Jumala olisi juuri ratkaisevalla hetkellä yhtäkkiä passiivinen ja kykenemätön auttamaan – että hänen täytyy olla passiivinen sivustakatsoja, kun me päätämme, pelastummeko vai emme.

Tätä samaa ajatusta sovelletaan myös Hengen ja hänen lahjojensa vastaanottamiseen. Jotkut ihmiset antavat ymmärtää, ettei Jeesus voi voidella meitä Hengellä ennen kuin me olemme täyttäneet Jumalan asettamat ehdot. Jos tiedämme tarpeeksi, uskomme tarpeeksi, kadumme tarpeeksi, rukoilemme tarpeeksi, etsimme tarpeeksi, osallistumme kurssille ja ostamme DVD:n, silloin, lopulta, voimme saada voitelun. Jos täytämme ehdot, Jumala vuodattaa siunauksensa. Jos emme kuitenkaan täytä niitä, hän ei myöskään vuodata siunaustaan. Tällaisessa ajattelutavassa ihmisten tahto on etusijalla, ei Isän tahto.

Yksinkertaisesti sanottuna jokaisen uskovan täytyy päättää, uskooko jumalallisen järjestyksen olevan "armo ennen kuuliaisuutta" vai "kuuliaisuus ennen armoa". Kumpi

Isän tahto

tahansa lähestymistapa sitten valitaankaan, se vaikuttaa aivan oleellisesti uskomme jokaiseen osa-alueeseen.

Tulisi olla selvää, että läpi tämän *Hengen miekka* -kirjasarjan on toistuvasti pyritty osoittamaan, että Isän tahto on aina etusijalla, että armo on aina ensin ja ennen kaikkea tai se lakkaisi olemasta armoa ja että Jumalan usko, Hengen voitelu, Hengen lahjat ja virat kaikki annetaan pohjimmiltaan Isän vapaan ja ylenpalttisen armon asiayhteydessä. Kaikki meidän jumalalliset ominaisuutemme – kuten esimerkiksi evankeliumin kuuliaisuutemme – ovat ainoastaan kiitollinen vastauksemme armoon, eivät armon ennakkovaatimuksia.

Ääretön armo

Nykypäivänä kohtaamamme ongelma on, että helluntailaisuuden ja karismaattisen herätyskristillisyyden piirissä armolla tuntuu laajasti olevan osansa ainoastaan ihmisen kääntymyksessä. Kristillisen elämän muiden puolten yhteydessä siitä puhutaan vain harvoin.

Lisäksi suurimmassa osassa nykypäivän opetusta on vallalla käsitys "kuuliaisuus ennen armoa". Tämä saa uudistusta ja herätystä janoavat uskovat kääntymään erilaisten tekniikoiden, järjestelmien ja menetelmien puoleen sen sijaan, että he kääntyisivät Jumalan vapaan ja ilmaisen lupauksen ja armon puoleen.

Jos uskomme, että Isän tahto on etusijalla kaikkeen muuhun nähden, että hänen armonsa on ääretöntä ja ehdotonta, käännymme hänen puoleensa ollessamme hengellisesti nälkäisiä. Jos taas uskomme, että oma tahtomme on etusijalla, että kuuliaisuus tulee ennen armoa, käännymme uusimpien menetelmien puoleen, joiden vakuutetaan tuovan meidät siunauksen alle, jos vain noudatamme niitä tarkasti.

Meidän tulisikin kysyä itseltämme, millainen Isä meillä on.

- ◆ Onko hän edellä käsitelty *Yahweh Elohim*, joka on kaikkivoipa, kaikkisuojeleva, kaikessa täydellinen ja kaikesta huolen pitävä, joka kipeästi haluaa meidän sovitustamme, joka on kärsinyt äärettömän suuren

Isän tunteminen

rakkaudesta johtuvan surun, joka on ilmoittanut ikuisen rakkautensa antamalla ainoan Poikansa meille, joka yhä edelleen tulee luoksemme Pojassa ja Hengessä ja joka iloitsee voidessaan antaa meille hyviä asioita?

◆ Vai onko hän sellainen Isä, joka on kumonnut siunauksensa jollekin pöydälle ja käskenyt meidän sitten tulla hakemaan ne – jos voimme – ja jättänyt meidät itse löytämään tie oikeita ja vääriä reittejä täynnä olevan, lähes mahdottoman sokkelon läpi?

Kuinka Jumalan lupaukset täyttyvät?

Yksi kaikista polttavimmista kysymyksistä, joita jokainen uskova joutuu pohtimaan, on se, kuinka Jumalan lupaukset todellisuudessa täyttyvät. Meidän täytyy päättää, uskommeko niiden täyttyvän niin, että:

◆ käymme läpi luettelon ehtoja, minkä jälkeen suoritamme joukon kyseisiä ehtoja vastaavia tekoja

◆ Isä armossaan johtaa meitä askel askeleelta kohti niiden vastaanottamista – omalla tavallaan ja omassa aikataulussaan.

Jos olemme vakuuttuneita siitä, että jälkimmäinen pitää paikkansa, emme koskaan päädy noudattamaan jotakin menetelmää tai kaavaa. Sen sijaan pidämme aina katseemme Isässä, tarkkailemme, mitä hän on tekemässä, ja seuraamme häntä sinne, minne hän on meitä viemässä.

Jeesuksen lupaus Luukkaan evankeliumin jakeessa 11:13 on erittäin tärkeä tässä asiayhteydessä. Hän lupaa, että " taivaallinen Isä antaa Pyhän Hengen niille, jotka sitä häneltä anovat" (v. 1938 käännös). Kyseiseen jakeeseen liittyy olennaisena osana kaksi eri seikkaa:

◆ Isän haluaminen (mikä tulee selvemmin esiin englanninkielisen käännöksen sanamuodosta, suom. huom.)

◆ meidän anomisemme.

Isän tahto

Näitä kahta seikkaa voidaan soveltaa toisiinsa asettamalla ne vastakkain.

Isän haluamisen ja antamisen ehtona on meidän anomisemme. Hän haluaa antaa silloin kun anomme ja niin paljon kuin anomme. Jos emme ano, hän ei myöskään anna. Toisaalta taas meidän anomisemme ehtona on Isän haluaminen. Vain koska hän haluaa antaa, me uskallamme anoa. Hänen meissä työtään tekevän Sanansa voima antaa meille myös voimaa anoa. (Tätä käsitellään kirjan *Elävä usko* osassa 4.)

Tästä voidaan päätellä, ettei Henki siis pelkästään ole lahja, joka saadaan anomisen seurauksena, vaan että hän on myös olemassa jo ennen anomista – hän on haluamisemme luoja, etsimisemme voima, lähestymisemme rohkeus ja niin edelleen, ikuisesti.

Molempiin edellä esitettyihin lähestymistapoihin sisältyy todellista inhimillistä anomista. Ensimmäisessä se tapahtuu ennen Jumalan tahtoa ja on ennakkoehto hänen haluamiselleen antaa. Jälkimmäisessä taas se on seuraus ja lopputulos Jumalan halusta antaa.

Uskovat, jotka soveltavat ensimmäistä lähestymistapaa lupaukseen pelastuksesta, ajattelevat, että parannuksen tekeminen on armon ennakkoehto ja että heidän täytyy ensin muuttaa käytöstään, ennen kuin Jumala ottaa heidät vastaan ja antaa heidän syntinsä anteeksi. Toista lähestymistapaa soveltavat sitä vastoin uskovat, että parannuksen tekeminen on seurausta armosta ja että he kääntyvät Jumalan puoleen, koska Jumala on jo armossaan ja laupeudessaan antanut heille anteeksi. Toisin sanoen emme elä uutta elämää voidaksemme saada pelastuksen vaan hylkäämme syntimme, koska meidät on pelastettu.

Ensimmäistä lähestymistapaa suosivat henkilöt, jotka haluavat kokea hengellistä uudistumista, ajattelevat, että heidän täytyy tehdä kovasti töitä rukouselämänsä, uskomisensa, puhtautensa jne. eteen: omassa voimassa ponnistelu on heitä vahvasti leimaava piirre.

Isän tunteminen

Toista lähestymistapaa noudattavat henkilöt taas uskovat, että Isä, armossaan, alkaa Henkensä kautta uudistaa heitä – askel askeleelta – niihin uskoon, puhtauteen ja rukoukseen, jotka ovat hänen tahtonsa heitä varten ja hänen armonsa merkkejä heissä. Isä ei pakota näitä asioita heidän osakseen – niin kuin jotkut tästä lähestymistavasta puhuttaessa vääristellen väittävät – vaan Isä pikemminkin antaa uuden vapauden ja tahdon, niin että me voimme olla valmiita ja kykeneviä vastaanottamaan ne.

Isän tahto

Edellä havaittiin, että jotkut hengelliset johtajat pitävät tiukasti kiinni siitä, että sovituksen ymmärtämistä ja omistamista täytyy edeltää jonkinlainen inhimillinen alullepano. On kuitenkin syytä huomioida, kuinka vahvasti Efesolaiskirjeen jakeet 1:4–6 vakuuttavat, että Isä on täysin vastuussa kaiken alulle panemisesta. Ajatus siitä, että jo ennalta on määrätty, kuka pelastuu, on hyvin vaikea ymmärtää, etenkin nykymaailmassa, jossa ihmiskeskeinen ajattelutapa hallitsee ihmisten käsitystä Jumalasta. Roomalaiskirjeen jakeiden 8:29–39 kaltaiset kohdat kuitenkin tekevät selväksi, että pelastuksemme on pohjimmiltaan kiinni Isän tahdosta. Juuri hän on valinnut meidät ja pelastanut meidät, ja juuri hän pitää meistä huolta ikuisesti. Paavali käsittelee näitä kysymyksiä syvällisemmin Roomalaiskirjeen jakeissa 9:14–24. Jakeessa 16 hän painottaa pelastustamme koskevaa ehdottoman tärkeää seikkaa: "Niin se ei siis ole sen vallassa, joka tahtoo, eikä sen, joka juoksee, vaan Jumalan, joka on armollinen" (v. 1938 käännös).

Monet saarnaajat pitävät tärkeänä "haastaa" ihmisiä vastaamaan evankeliumiin – ja tämän haastamisen taustalla oleva oletus on ajatus siitä, että langenneet ihmiset ovat kykeneviä vastaamaan positiivisella tavalla. On kuitenkin syytä käsittää, kuinka ehdottoman jyrkästi Efesolaiskirjeen jakeet 2:1–5 kieltävät sen, että langenneilla ihmisillä olisi mitään tällaista kykyä – paitsi jos Jumala palauttaa sen heille Kristuksessa ja luo sen heissä Hengen kautta.

Isän tahto

Ne jotka vakuuttavat, että kuuliaisuus tulee ennen armoa, ajattelevat uskovien voivan vaikuttaa pelastukseensa ja siunaukseensa merkittävällä tavalla täyttämällä ehdot ja päättämällä uskoa lupaukset. Meidän on kuitenkin syytä tunnistaa Efesolaiskirjeen jakeiden 2:8–9 yksiselitteinen luonto. Pelastus on Jumalan armon teko, jossa syntiset saavat jotakin, mikä muuten olisi kaukana heidän ulottumattomissaan. Raamatullinen järjestys on "armo ennen kuuliaisuutta".

Kirjassa *Elävä usko* havaitaan, että pelastava usko, jonka kautta Jumala siunaa meitä, on jo itsessään hänen armontäyteinen lahjansa meille – eikä meidän työtämme, jonka tuomme hänelle omana osuutenamme sovitusprosessiin. Siinä, kun lopulta ymmärrämme Isän tahdon ehdottoman ensisijaisuuden ja hänen armonsa ikuisen ja äärettömän laajuuden, ei yksinkertaisesti ole lainkaan tilaa minkäänlaiselle omahyväisyydelle tai rehentelylle. Voimme korkeintaan lausua Efesolaiskirjeen jakeen 2:10 sanat. On tietenkin totta, että meidän täytyy panna pelastuksemme täytäntöön ja elää kumppanuudessa Hengen kanssa (kuten tehdään selväksi kirjoissa *Jumalan hallintavalta*, *Elävä usko* ja *Hengen tunteminen*), mutta kykenemme tähänkin vain Jumalan tehdessä työtään meissä.

Monet seurakunnat kaipaavat saada nähdä uudistumista ja herätystä. Ne tulevat kuitenkin vasta, kun luovumme toivosta voida itse täyttää mitään, kun käännymme Isän puoleen nähdäksemme, mitä hän tahtoo armossaan tehdä, ja kun odotamme kuuliaisina sitä, että hän johdattaa meidät lupaustensa täyttymiseen.

Isän armontäyteinen tahto on kaikkien siunausten ainoa perimmäinen lähde, ja kaikki uskossamme on lähtöisin hänen armostaan. Emme saa kuitenkaan unohtaa, että hänen vapaa, ilmainen ja ääretön armonsa kutsuu meitä vastaamaan Isälle kiitollisella ja ehdoista vapaalla Getsemanen kuuliaisuudella. Ainoa tie Isän poikien ja tyttärien kirkkaaseen vapauteen ei voi olla muu kuin "armo ennen kuuliaisuutta".

Osa 8

Isä ja rukous

Läpi tämän kirjan on opittu paljon kolmiyhteisen Jumalamme kirkkaasta ja kunniakkaasta nimestä ja luonnosta ja erityisesti Jumalan ensimmäisestä persoonasta, Isästä. Tässä kirjassa on tähän mennessä toistuvasti painotettu sitä, että meidät on kutsuttu tuntemaan Isä henkilökohtaisesti eikä ainoastaan tietämään asioita hänestä. Nyt meidän tulisikin alkaa ymmärtää, että henkilökohtainen "tunteva ja tuttu" suhteemme Isän kanssa voi alkaa kehittyä, kun hakeudumme lähelle häntä rukouksessa.

Jumalaa kutsutaan Uudessa testamentissa Isäksi yleensä rukouksen, ylistyksen ja kirkastumisen asiayhteyksissä. Tämä havaitaan esimerkiksi kohdissa Matt. 5:16, 6:6, 11:25, 26:39,53; Luuk. 10:21, 11:2, 23:34; Joh. 11:41, 12:28, 14:16, 17:1,5,11,26; Room. 8:15; 2. Kor. 1:3; Ef. 1:3, 2:18, 3:14, 5:20; Fil. 4:20; Kol. 1:3,12, 3:17; Jaak. 3:9; 1. Piet. 1:3,17 ja Ilm. 1:6. Tämä ei ole yllättävää, kun ymmärretään, että sana "Abba" voidaan jäljittää Jeesuksen rukouselämän huipentumaan (Mark. 14:3) ja että Jumalan lähestyminen Isänä on keskeinen asia siinä, mitä Jeesus opetti rukouksesta Luukkaan evankeliumin luvussa 11.

Kolmiyhteinen rukous
Pojan opetus koskien rukousta Luukkaan evankeliumin luvussa 11 alkaa Isälle omistetulla rukouksella ja päättyy kehotukseen anoa Pyhää Henkeä – jonka Isä mielellään antaa niille, jotka sitä pyytävät.

Tarvitsemme Henkeä
Luukkaan evankeliumin jakeiden 11:1-12 asiayhteys antaa ymmärtää, että Hengen anominen jakeessa 11:13 onkin itse

Isän tunteminen

asiassa rukous, jonka tarkoitus on vahvistaa kaikkia rukouksia, sillä vain Hengessä lausuttu rukous on totista rukousta.

Uusi testamentti opettaa kaksi tärkeää totuutta, joilla on merkittäviä seurauksia rukoukselle ja ylistykselle:

◆ Voimme kutsua Jumalaa "Isäksi" vain, kun olemme Hengessä – Gal. 4:6.

◆ Voimme ylistää Isän nimeä vain, kun meidät on täytetty Hengellä – Ef. 5:18–19.

Isälle osoitetun, Luukkaan evankeliumin jakeen 11:13 rukouksen perusteella ei pidä ajatella, etteikö Henki olisi ollut läsnä aikaisemmin. Kyseinen rukous ainoastaan tarkoittaa sitä, ettei Henki, joka tulee, ole "meidän" omistuksessamme, ettei hän ole aina täyttämässä "meidän" jokaista pienintäkin toivettamme. Hengen "kesyttämätöntä" luontoa, sitä että hän on "Jumalan tuuli", käsitellään kirjoissa *Toimiva rukous* ja *Hengen tunteminen*.

Luukkaan evankeliumin jakeiden 11:1–13 pääpaino on siinä, että meidän tulee jatkaa rukoilemista, jatkaa anomista ja turvata joka päivä Jumalan huolenpitoon juuri sitä päivää varten, jota juuri elämme. Siinä on kyse "erityisestä rukouksesta" ja "erityisestä huolenpidosta" – aivan vastaavasti kuin "erityisen tahdon" ja "erityisen johdatuksen" kohdalla, joita käsiteltiin osassa 7.

Kuten suurimmassa osassa Luukkaan evankeliumin lukua 11, myös jakeessa 13 käytetään erityistä kreikan kielen aikamuotoa, joka voitaisiin kääntää (englanninkielistä käännöstä mukaillen, suom. huom.) kutakuinkin seuraavalla tavalla: "Taivaallinen Isänne edelleenkin haluaa jatkaa Pyhän Hengen antamista niille, jotka jatkavat sen anomista". Isä haluaa jatkaa Hengen vuodattamista meidän yllemme ja meihin, jatkaa meidän valtuuttamistamme ja meidän tekemistämme kykeneviksi rukoukseen. Meidän kiitollisen päivittäisen vastauksemme hänen armontäyteiseen päivittäiseen haluamiseensa ja alulle panemiseensa taas tulisi olla se, että jatkamme Hengen anomista häneltä – niin että

Isä ja rukous

voisimme pysyä kykenevinä jatkamaan Isän lähestymistä rukouksessa.

Luukkaan evankeliumin jakeet 11:1-3 osoittavat, että kristillinen rukous on perin pohjin trinitaarista, kolmiyhteistä. Se on lausuttu:

◆ Isälle

◆ Pojan kautta

◆ Hengessä.

Rukouksessa me tulemme kasvotusten Isän kanssa ja samaistumme häneen. Isän luokse päästään kuitenkin ainoastaan Jeesuksen kautta, joka opettaa meitä rukoilemaan. Kykymme rukoilla taas on jo itsessään Pyhän Hengen antama ja hänessä toimiva lahja. Tämä on esitetty selkeästi Efesolaiskirjeen jakeessa 2:18.

1. Isälle

Uutta testamenttia lukiessa tulee selväksi, että Isä Jumalan tulisi olla rukoustemme ensisijainen keskipiste. Rukouksemme, ylistyksemme, kiitoksemme, kunnioituksemme jne. saattavat joskus olla osoitettuja Jeesukselle tai Hengelle – sillä he myös ovat Jumala, he jakavat Isän olemuksen ja luonnon ja ansaitsevat yhtä lailla tulla ylistetyiksi ja palvotuiksi. Jumalan elämän kaiken liikkeen – kaiken, mitä hän tekee sekä Luojana että Lunastajana – alku ja loppu on kuitenkin Isässä. Poika ja Henki itsekin ovat Isästä ja Isää varten, joten heidän päätavoitteensa rukouksessa on tutustuttaa meidät Isään ja asettaa meidät suhteeseen hänen kanssaan.

Tästä, kuten myös evankeliumin päätarkoituksesta, seuraa luonnollisesti se, että suurimman osa rukouksistamme tulisi todellisuudessa olla osoitettuja Isälle. Emme voi rukoilla erillään Pojasta ja Hengestä, ja he molemmat opettavat meitä rukoilemaan: "Abba, Isä".

Tästä huolimatta monet uskovat osoittavat suurimman osan rukouksistaan Jeesukselle, mikä tuntuu olevan merkki siitä, etteivät he täysin ole ymmärtäneet evankeliumia tai Isää.

Isän tunteminen

Jos tapanamme on aina rukoilla Jeesusta, jätämme huomiotta sen totuuden, että Jeesus tuli olemaan tie Isän luo. Meidän onkin syytä kysyä itseltämme, keskitymmekö lihaksi tulleeseen Poikaan siksi, koska ajattelemme Isän olevan pohjimmiltaan ylimaallinen, vaikeasti lähestyttävä ja mahdoton tuntea. Lisäksi meidän on syytä pohtia, tartummeko kiinni lempeään ja rakastavaan Jeesukseen siksi, koska ajattelemme tarvitsevamme häntä lepyttämään kaukaista ja yhä edelleen vihaista Isää.

Kun uskovat rukoilevat pääosin *Jeesusta* pikemmin kuin *Jeesuksen kautta* tai pääosin *Henkeä* pikemmin kuin *Hengessä*, herää epäilys siitä, millainen heidän suhteensa Isään todellisuudessa onkaan – ymmärsivätpä he sitä tai eivät. Tämä ei ole ainoastaan merkitysopillinen seikka vaan vahvasti evankeliumin ytimeen pureutuva kysymys.

Kuten edellä on havaittu, evankeliumi on evankeliumi Isästä: Kristuksen kautta meidät sovitetaan ikuisen ja äärettömän rakkauden kanssa, joka on Isä. Jos unohdamme tämän, pysymme aina tavalla tai toisella pelon otteessa. Jos kuitenkin ymmärrämme evankeliumin perimmäisen tarkoituksen, käsitämme, että meidät on sovitettu Isän kanssa – niin että voimme tuntea hänet sekä sen varmuuden ja sen eheyden, jotka saadaan hänen hyvässä ja täydellisessä tahdossaan elämisestä.

Kun ymmärrämme tämän, voimme luottavaisesti lähestyä rukouksessa *Isää*. Johanneksen evankeliumin jakeet 16:26–28 sisältävät evankeliumin keskeisen sanoman: että Isä rakastaa meitä. Tämä on Jeesuksen kaiken opetuksen pääpainotus, se on Hengen tärkein ilmoitus, emmekä me elä siinä ennen kuin alamme rohkeasti lähestyä kaikkien asioiden keskipistettä tietäen, että olemme tervetulleita ja että meidät on tehty *kykeneviksi* sanomaan "Abba, Isä".

2. Pojan kautta
Johanneksen evankeliumin jakeet 16:26–28 paljastavat, että rukouksessa Jeesus toimii *välittäjänä* Isän ja meidän

Isä ja rukous

välillämme. Tällaista sovittelua on kahdenlaista, ja meidän on syytä olla täysin selvillä siitä, kumpaa niistä Jeesus tekee. Ne ovat:

◆ poissulkeva sovittelu – sovittelija menee puolestamme sinne, minne me emme voi mennä, ja tekee puolestamme sen, mitä me emme voi tehdä

◆ sisällyttävä sovittelu – sovittelija menee puolestamme, jotta me voimme seurata hänen perässään ja tehdä sellaista, mikä ei aiemmin ollut mahdollista.

Jeesuksesta tuli meidän poissulkeva sovittelijamme ristillä, jossa hänestä tuli ihmiskunnan syntien edestä annettu uhri. Tästä kerrotaan 1. Timoteuskirjeen jakeissa 2:5–6. Hän seisoi paikalla, jossa me emme koskaan voisi seistä, ja meni ainoana Isä Jumalan ja syntisen ihmiskunnan välisenä sovittelijana sinne, minne me emme koskaan olisi voineet mennä. Sovittelua käsitellään kokonaisuudessaan laajemmin kirjassa *Pelastus armosta*.

Jeesuksen palvelutyö rukouksessa ei kuitenkaan tarkoita, että hän menee Isän luo meidän puolestamme siksi, koska me emme itse voi lähestyä Isää. Sen sijaan Jeesus on raivannut tien Isän luo meitä varten, niin että mekin voimme mennä Isän luo *hänen kanssaan*.

Emme tule Isän luo *itsessämme yksinään*, vaan tulemme Isän luo itsessämme *Pojan kanssa ja kautta*. Tämä ajatus sovittelijan suorittamasta työstä voidaan havaita Heprealaiskirjeen jakeessa 4:16. Tämä tarkoittaa, ettei rukous siis ole jotakin, mitä teemme itsestämme käsin. Se on jotakin, mitä teemme Jeesuksen tähden – hänen kauttaan, hänessä ja hänen kanssaan. Tämä luo, Hengessä, suoran "kasvoista kasvoihin" -yhteyden Isän kanssa, niin että me voimme henkilökohtaisesti tuoda hänelle kiitoksemme, ylistyksemme, esirukouksemme ja kaikki muut erilaiset rukouksemme, joita käsitellään kirjassa *Toimiva rukous*.

Tämän tyyppisellä sovittelulla on ilmeisiä pastoraalisia seurauksia kaikille seurakuntien johtajille ja paimenille. Jos

Isän tunteminen

kerran Poika toimii välittäjänä Isän ja meidän välillämme tuodakseen meidät kanssaan Isän luo pikemmin kuin sulkeakseen meidät ulkopuolelle, jakaakseen pääsyn Isän luo pikemmin kuin estääkseen pääsyn hänen luokseen, meidänkin tulee varmistaa, että kaikki Kristuksen palvelijat kaikissa eri palvelutöissä noudattavat tätä samaa periaatetta.

Tiedämme, että Kristus on asettanut erilaisia palvelutöitä ja erilaisia palvelijoita seurakuntaansa. Näitä ei ole tarkoitettu toimimaan ihmisten ja Jumalan välissä vaan auttamaan ihmisiä itse tulemaan Isän luo. Jos joku ihminen esimerkiksi pyytää meitä rukoilemaan puolestaan, meidän tulee varmistaa, että noudatamme Kristuksen esimerkkiä ja rukoilemme *hänen kanssaan*, emme siis *hänen sijastaan*.

Ja kun palvelemme vaikkapa parantumisen alueella, meidän ei tule pyrkiä vaikuttamaan Jumalaan jonkun ihmisen puolesta, vaan meidän tulisi nostattaa tuon ihmisen uskoa, niin että hän voisi vastaanottaa parantumisensa henkilökohtaisena lahjana Isältä pikemmin kuin epäsuorasti meidän kauttamme tulleena lahjana. Suurin osa Jumalan palvelijoihin kohdistuvasta vääränlaisesta ihailusta perustuu juuri siihen, että Kristuksen työ välittäjänä on ymmärretty väärin.

Meidän tulee varmistaa, että emme tarkoita ilmausten "minä voin rukoilla puolestasi" kaltaisilla sanonnoilla sitä, että "minä voin rukoilla sinun sijastasi". Emme saa antaa kenellekään sitä mielikuvaa, että me ajattelisimme voivamme "mennä jonkun puolesta sinne, minne hän ei voi mennä ja missä meitä kuullaan mutta häntä ei". Tämänkaltainen ajattelu saa ihmisten luottamuksen Isään heikkenemään, ja lisäksi se välittää vääränlaisen kuvan hänestä ja hänen evankeliumistaan. Se ei myöskään ole tapa, jolla Jeesus puhuu Johanneksen evankeliumin jakeessa 16:26.

Meidän tulisi sen sijaan käyttää ilmauksen "minä voin rukoilla sinun kanssasi" kaltaisia sanoja ja selkeällä tavalla tarjota ihmisille tukeamme siihen, että yhdessä menemme Pojan kautta Isän luo. Tämä on raamatullinen *sisällyttävä* näkökulma palvelemiseen – ja se auttaa meitä ymmärtämään

Isä ja rukous

jakeiden Matt. 18:20 kaltaisten kohtien ajankohtaisuuden ja voiman.

3. Hengessä
Kirjassa *Toimiva rukous* havaitaan, että Efesolaiskirjeen jakeissa 2:18 ja 6:18 kuvattu "Hengessä rukoileminen" ei ole jokin erityinen rukouksen muoto – niin kuin vaikkapa kielillä rukoileminen on – eikä myöskään jokin erityisen intensiivinen rukoushetki (vaikka se tällaisia hetkiä sisältääkin). Sanonta "rukous Hengessä" viittaa sen sijaan kaikkeen todelliseen rukoukseen – Pojan kautta Isälle osoitettuun – joka saa voimansa, valtuutensa ja suuntansa Hengeltä.

Rukoilu Hengessä ei ole jotakin sellaista, mitä voisimme tehdä yksinämme, omassa voimassamme, omien kokemustemme avulla tai omiin kykyihimme turvaten. Se on ihmisen toimintaa, jonka tekee mahdolliseksi, valtuuttaa ja ohjaa se, että olemme osallisia niiden kolmen persoonan välisestä ikuisesta suhteesta, jotka ovat Jumalassa.

Hengessä olemme silti myös täysin omia itsejämme. Rukoilemme Isää omilla inhimillisillä ajatuksillamme ja sanoillamme – tietäen, että hän vahvistaa ne ja hyväksyy meidät. Rukoillessamme olemme kuitenkin myös osallisia Isän, Hengen ja Pojan välisestä suhteesta, joten meitä ei ole jätetty yksin kamppailemaan saadaksemme Jumalan huomion kiinnitettyä omilla inhimillisillä pyrkimyksillämme. Roomalaiskirjeen jakeissa 8:26–27 kuvataan, kuinka Henki auttaa meitä, ja tätä käsitellään perusteellisemmin myös kirjoissa *Hengen tunteminen* ja *Toimiva rukous*.

Herran rukous
Edellä jo käsiteltiin sitä radikaalia tapaa, jolla Herran rukouksessa lähestytään Jumalaa Isänä, mutta tässä kohtaa on syytä tarkastella hieman syvällisemmin Jeesuksen rukousta Luukkaan evankeliumin jakeissa 11:2–4.

Isän tunteminen

Juutalainen kaava
Jeesuksen rukous liittyy monin tavoin läheisesti tuon ajan juutalaisiin rukouksiin. Sen kaksi ensimmäistä virkettä muistuttavat hyvin paljon yleistä rukousta, joka rukoiltiin synagogan useimpien jumalanpalvelusten lopussa ja jolla anottiin Jumalan nimen pyhittämistä ja Jumalan valtakunnan tulemista.

Rakentamalla tälle laajasti hyväksytylle kaavamaiselle pohjalle Jeesus osoittaa, ettei hän hylkää ympärillään olevien ihmisten ylistystä vaan pikemminkin hyväksyy sen, tukee sitä, käyttää sitä ja uudistaa sen.

Vaikka onkin totta, että nimeämällä Jumalan "meidän Isäksemme" Jeesus muutti opetuslastensa tavan lähestyä Jumalaa, käyttämällä perinteistä juutalaista kaavaa hän samalla kuitenkin paitsi tähdensi omaa yhteenkuuluvuuttaan, myös osoitti, että Isää voidaan lähestyä sekä kaavamaisesti että spontaanisti.

Oman aikansa kieli
Jeesuksen aikana useimmat juutalaiset rukoukset lausuttiin heprean kielellä, joka oli erityinen, muodollisissa rukouksissa käytetty pyhä kieli. Jeesus käytti rukouksissaan kuitenkin arameaa – tavallisten ihmisten jokapäiväistä kieltä.

Tuohon aikaan ihmiset uskoivat, että Jumala oli liian erityinen puhuteltavaksi "tavallisella kielellä". Jeesuksen rukoukset kuitenkin todistavat, että Isä on liian läheinen puhuteltavaksi vanhanaikaisella kielellä. Hän on elävä Jumala tänään, joten häntä täytyy myös puhutella tämän päivän kielellä – vaikka käytössä olisikin kaavamainen kehys.

Käyttämällä arameaa Jeesus irrotti rukouksen pyhitetyn kielen maailmasta ja sijoitti sen keskelle ihmisten jokapäiväistä elämää. Tällä on ilmeisiä seurauksia niille uskoville, jotka ajattelevat "Jumalan kunnioittamisen" tarkoittavan sitä, että meidän tulisi käyttää vuosisatojen takaista kieltä ja vanhanaikaisia ilmauksia aina, kun lähestymme Isää rukouksessa.

Isä ja rukous

Opetuslasten rukous

Herran rukous on Jeesuksen seuraajille annettu erityinen rukous. Tuohon aikaan eri uskonnolliset ryhmät voitiin erottaa toisistaan heidän käyttämiensä rukouksen muotojen perusteella. Tämän tähden opetuslapsetkin halusivat Jeesuksen seuraavan Johannes Kastajan esimerkkiä ja antavan heille erityisen rukouksen, joka ilmaisisi heidän yhteistä elämäänsä. Tämä havaitaan Luukkaan evankeliumin jakeessa 11:1.

Tiedämme jo, että se erityinen asia, joka Jeesuksen opetuslasten täytyi oppia, oli se, että heidän tuli kutsua Jumalaa "meidän Isäksemme" aina, kun he lähestyivät häntä rukouksessa.

Nykyään monet ihmiset pitävät Herran rukousta yleisenä, "neutraalina" rukouksena, joka soveltuu kenen tahansa rukoiltavaksi. Alkuseurakunnan aikana tämä oli kuitenkin hyvin toisin, sillä Herran rukous ja Herran ateria olivat varhaisen kristillisen ylistyksen kaksi keskeistä osa-aluetta. Ne oli varattu niille, jotka olivat täysin sitoutuneita Kristukseen, eivätkä seurakunnan ulkopuoliset henkilöt saaneet osallistua niihin. Oikeus rukoilla Herran rukous oli varattu niille, jotka olivat Kristuksessa – koska alkuseurakunta ymmärsi sen olevan rukous, jonka vain lunastetut opetuslapset saattoivat rukoilla, sillä ainoastaan he kykenivät tuntemaan Jumalan "Isänä".

Pyhitetty olkoon sinun nimesi

Kaiken edellä käsitellyn perusteella meidän tulisi nyt kyetä ymmärtämään, kuinka syvä se merkitys on, joka tähän lyhyeen anomukseen sisältyy. Kaikki ne ihmeellisen monet merkitykset, joita Jumalan nimeen Vanhan testamentin opetuksissa liitetään, on tiivistetty yhteen ainoaan sanaan "Isä", ja meidän tulee pyhittää Jumalan nimen ja luonnon jokainen osa-alue ja kunnioittaa hänen isyyttään, hänen keskeistä ominaisuuttaan.

Kreikan kielen sana *hagiazo* on käännetty sanalla "pyhittää". Se tulee sanasta *hagios*, pyhä, ja sanatarkasti se tarkoittaa "tehdä pyhäksi" tai "asettaa erilleen". Tämä anomus toteaa

Isän tunteminen

ainoastaan uudelleen sen, mitä jo Vanhasta testamentista on opittu: nimittäin että Jumalan nimi on pyhä – ja että sitä tulisi sellaisena myös pitää.

"Pyhittämiseen" sisältyy *Jumalan nimen varjeleminen* väärinkäytöltä ja valheellisilta merkityksiltä. Joskus tämä on jumalanpilkkaan ja rumaan kielenkäyttöön puuttumista, useimmiten se on sitä, että emme käytä hänen nimeään lausuessamme valheellisia väittämiä.

Aina kun joku sanoo "Jumala sanoi minulle" tarjotessaan pelkkiä omia inhimillisiä mielipiteitään tai tehdessään latteita huomautuksia, Jumalan nimeä käytetään väärin, sillä hänen kaikkitietävä luontonsa tulee silloin epäsuorasti solvatuksi.

Positiivisemmasta näkökulmasta tarkasteltuna "pyhittämiseen" sisältyy *iloitsemista Jumalan nimessä*. Tästä seuraa, että alammekin rukouksissamme painottaa ennen kaikkea ylistystä ja kiitosta. Tätä voidaan havaita Paavalin kirjeiden aloituksissa ja lopetuksissa, ja sitä käsitellään perusteellisemmin kirjassa *Palvonta Hengessä ja totuudessa*.

Ihmiskeskeistä rukousta hallitsevat väistämättä tunnustaminen, anominen ja esirukous – se pyörii omien syntiemme ja tarpeidemme ympärillä. "Isää pyhittävälle" ylistykselle on kuitenkin ominaista ylistys, palvonta ja kiitos. Pyhitämme Jumalan nimen, kun siirrymme rukouksesta "Siunaa minua" rukoukseen "Siunaa Isää" – sillä silloin teemme hänestä kaiken keskipisteen.

Tulkoon sinun valtakuntasi, tapahtukoon sinun tahtosi
Ylistys valmistaa meitä seuraavaa vaihetta varten, joka kehottaa meitä etsimään Isän valtakunnan hallintavaltaa. Tämä tähdentää juuri sitä, että hengellinen prosessi todellakin on "armo ennen kuuliaisuutta". Jumalan valtakunta tulee, ja sen jälkeen me vastaamme hänen henkilökohtaiseen tahtoonsa kiitollisella kuuliaisuudella.

Jumalan valtakuntaa tarkastellaan läpi koko kirjan *Jumalan hallintavalta*. Siinä havaitaan, että valtakunta on sekä "nyt" että "ei vielä". Se on tullut Kristuksessa, se jatkaa tulemistaan ihmein

Isä ja rukous

ja merkein, jotka todistavat kuninkaasta, mutta se ei vielä ole tullut kaikessa täyteydessään.

Edellä todettiin, että nämäkin sanat todennäköisesti pohjautuivat tavalliseen synagogassa käytettyyn rukoukseen. Jeesuksen ilmoitus, että valtakunta on jo tullut, sai hänen opetuslapsensa kuitenkin rukoilemaan näitä sanoja varmasti paljon heidän juutalaisia aikalaisiaan suuremmalla luottamuksella.

Oma kokemuksemme siitä, että valtakunta – Jumalan henkilökohtainen hallintavalta – jatkaa tulemistaan, vaikuttaa sen, että mekin voimme rukoilla kyseisiä sanoja samanlaisella luottamuksella. Lisäksi tietoisuutemme siitä, että valtakunta vielä tulee kaikessa täyteydessään (silloin kun ja sellaisella tavalla kuin Jumala tahtoo), varmistaa, että voimme rukoilla niitä täydessä toivossa.

Anna meille päivästä päivään jokapäiväinen leipämme
Voidaan todeta, että Jeesuksen rukous alkaa keskittymällä Jumalan "täydellisyyteen", että se sitten paneutuu hänen "voimaansa", sen jälkeen hänen "huolenpitoonsa" ja lopuksi hänen "varjelukseensa".

Tämä havainnollistaa sitä, kuinka Jeesuksen rukous on yhteydessä Vanhan testamentin tapaan ymmärtää Jumalan nimi. "Isä meidän" todellakin on itse "Nimi" – hän on *El Qodesh, Yahweh Sabaoth, El Shaddai, El Elyon* ja kaikki muutkin jumalalliset nimet, joita edellä tarkasteltiin.

Nämä sanat käsittelevät Jumalan huolenpitoa, mutta meidän on tärkeää kiinnittää huomiota rukouksen etenemisjärjestykseen – ne eivät ole rukouksen ensimmäinen pyyntö. Kun ensin janoamme Jumalan pyhyyttä, vanhurskautta ja valtakuntaa, saamme huomata, että hän lisää tarpeemme näiden asioiden jatkoksi. Tämän vuoksi Jumalan jumalallista nimeä kirkastavan ja kunnioittavan ylistyksen ja kiitoksen tulisi ilmetä ennen sellaista anomista ja esirukousta, joiden aiheina ovat omat inhimilliset tarpeemme.

Isän tunteminen

Ei ole täysin selvää, mitä "jokapäiväinen leipä" tarkoittaa. Se saattaa tarkoittaa:

- sitä aineellista ruokaa, joka on ehdottoman välttämätöntä tuota päivää varten
- sitä hengellistä ruokaa, joka on ehdottoman välttämätöntä tuota päivää varten
- huomisen päivän aineellista ruokaa
- huomisen päivän hengellistä ruokaa
- sitä hengellistä ruokaa, jota tarvitsemme suurta huomispäivää varten
- kaikkia yllä lueteltuja.

Totuus on, että Isä antaa lapsilleen sen, mitä he tarvitsevat ruumiilleen *ja* hengelleen, ja että hänen tämän hetken huolenpitonsa on aina vasta "ensimmäinen osuus", "esimakua" siitä, mitä hän on antava viimeisenä päivänä.

Tämä voidaan havaita Johanneksen evankeliumin luvussa 6, jossa Jeesus ruokkii väkijoukon välittömän fyysisen nälän *ja* järjestää 12 korillista ruokaa seuraavaa päivää varten *ja* tarjoaa itsensä elämän leipänä, jonka Isä antaa perimäisen nälän *täyttämiseksi.*

Anna meille syntimme anteeksi, sillä mekin annamme anteeksi jokaiselle, joka on meille velassa

Tämä on toinen tärkeä ilmaus, joka osoittaa "armo ennen kuuliaisuutta" -järjestyksen paikkansa pitävyyden. Meidän tulisi antaa anteeksi muille kiitollisena vastauksena Jumalan armontäyteiseen anteeksiantoon: ei oman anteeksiantomme saamisen ennakkoedellytyksenä!

Taas kerran on syytä kiinnittää huomiota asioiden järjestykseen Jeesuksen rukouksessa. Emme lähesty Isää täynnä syyllisyyttä, hänen anteeksiantoaan anoen siksi, että voisimme esittää pyyntömme hänelle. Sen sijaan, kuten Pietari Luukkaan evankeliumin jakeessa 5:8, me näemme tarvitsevamme anteeksiantoa ja puhdistamista sen jälkeen, kun

Isä ja rukous

ensin olemme ylistäneet Isää, etsineet hänen valtakuntansa armoa ja turvautuneet täysin hänen huolenpitoonsa.

Esittämällä rukouksen osat tässä järjestyksessä Jeesus opettaa opetuslapsiaan olemasta pakkomielteisen keskittyneitä omiin synteihinsä ja arvottomuuteensa vaan pikemminkin olemaan tietoisia niistä ja pyytämään Isää käsittelemään ne – tietäen, että hänen armonsa takaa sen, että hän niin myös tekee.

Äläkä anna meidän joutua kiusaukseen vaan päästä meidät pahasta
Jeesuksen rukous päättyy pyyntöön saada olla pyhitetty. Tämä on tarkoitettu niiden rukoiltavaksi, jotka etenevät tiellä kohti pyhyyttä – perheen samankaltaisuutta – mutta jotka joutuvat huomaamaan, että matkalla on monia ansoja ja häiriötekijöitä.

Kreikan kielen sana *peirasmos* tulisi pikemminkin ymmärtää "koetteluna" kuin "kiusauksena", ja se viittaa niihin sisäisiin kiusauksiin ja ulkoisiin koetuksiin, jotka koettelevat uskoamme.

Meidän on myös syytä ymmärtää, että tällä rukouksella Jumalaa pyydetään aktiivisesti suojelemaan ja vapauttamaan. Sen sanamuoto tarkoittaa pikemminkin: "Saa aikaan meissä, että me emme luovuttaisi koetuksissa", eikä niinkään: "Älä saa meitä luovuttamaan koetuksissa".

Kyseessä olisi hyvin erikoinen käärmeitä lähettävä Isä, jos häntä pitäisi anella lopettamaan lastensa saaminen lankeamaan kiusaukseen. *El Elyon* itse on kuitenkin "meidän Isämme, meidän Lunastajamme". Hän vapauttaa (ja tahtoo vapauttaa) meidät kaikista pahan ansoista.

Hän on Luukkaan evankeliumin jakeen 11:13 hyvä Isä, joka haluaa antaa Pyhän Hengen – joka on kaikkien rukouksessa esitettyjen pyyntöjen kaikki-kaikessa, perimmäinen hyvä asia, Jumalan itsensä todellinen olemus ja läsnäolo ja persoona – kaikille niille, jotka kiitollisina sitä häneltä rukouksessa anovat.

Osa 9

Meidän Isämme

Tämän kirjan ensimmäisissä kolmessa luvussa pyrittiin muodostamaan panoraamakuva kolmiyhteisen Jumalan nimestä, luonnosta ja isyydestä sekä luomaan kokonaiskuva siitä, mikä Raamatun ilmoitus Jumalasta on. Tutustuimme *Yahweh Elohimiin* – olentoon joka on "yksi mutta enemmän kuin yksi" ja joka on aivan kaiken Luoja, Lunastaja ja Isä.

Seuraavissa kolmessa luvussa taas keskityttiin Jumalan ensimmäiseen persoonaan, Isään, ja pyrittiin luomaan kokonaiskuva hänestä sellaisena kuin hänet Raamatussa ilmoitetaan niiden suhteiden kautta, jotka hänellä on Jumalan toisen ja kolmannen persoonan kanssa. Opimme *Abbasta*, Herramme Jeesuksen Kristuksen taivaallisesta Isästä.

Tämän jälkeen, kahdessa edellisessä luvussa, perehdyttiin meidän omaan henkilökohtaiseen ja läheiseen suhteeseemme Isän kanssa ja pyrittiin selvittämään, mitä seurauksia tällä suhteella on käytännön tasolla meidän jokapäiväiselle elämällemme. Opimme, että meidät on kutsuttu vastaamaan Isän armoon lakkaamattomalla evankeliumin kuuliaisuudella ja Hengen innoittamalla rukouksella. Lopuksi, tässä viimeisessä luvussa, opitaan vielä ymmärtämään, että Jumala on pohjimmiltaan "meidän" Isämme pikemmin kuin "minun" Isäni.

Isä, Luoja

Osassa 3 pantiin jo merkille, että Uusi testamentti esittelee kolme eri puolta Jumalan isyydestä. Hän on:

- ◆ kaikkien uskovien lunastava Isä
- ◆ Jeesuksen ainutlaatuinen Isä
- ◆ koko ihmiskunnan maailmanlaajuinen Isä.

Isän tunteminen

Edellä tarkasteltiin jo jossakin määrin sitä totuutta, että Jumala on kaikkien uskovien ja opetuslasten Isä, ja havaittiin, että tämä puoli Jumalan isyyttä on hänen lunastavan toimintansa seurausta.

Edellä myös selvitettiin sitä totuutta, että Jeesus on "Jumalan ainoa poika", ja kyettiin ymmärtämään, että tämä epäsuorasti viittaa Jumalan ainutlaatuiseen isyyteen suhteessa ainutlaatuiseen Poikaansa Jeesukseen.

Tässä kirjassa ei kuitenkaan tähän mennessä ole vielä kiinnitetty paljoakaan huomiota siihen totuuteen, että Jumala on kaikkien ihmisten ja kansojen Isä. Kohdat Matt. 5:45 ja Luuk. 6:35 osoittavat, että Jumalan isälliset ominaisuudet ilmaistaan jopa "kiittämättömille ja pahoille". Jeesus myös esittää Jumalan maailmanlaajuisena Isänä läpi koko vuorisaarnan – asettaen Jumalan maailmanlaajuisen isyyden kuitenkin samalla selvästi asiayhteyteen, jossa Jumalasta puhutaan Luojana. Tämä on erityisen selvää Matteuksen evankeliumin jakeissa 5:43–48 ja 6:25–34.

Isä *ja* Luoja

Tiedämme, että Jumala, joka on lastensa Isä, on myös koko maailman Luoja. Häntä voidaan todella ymmärtää "meidän" Isänämme vasta, kun hänen isyytensä liitetään hänen luomistyöhönsä.

Lunastettuina uskovina meidän henkilökohtaiset "tunteva ja tuttu"-suhteemme Isän kanssa – Pojan kautta ja Hengessä – sijoittuvat laajempaan asiayhteyteen, jossa on kyse Jumalan kokonaisvaltaisesta suunnitelmasta kaikkea luomakuntaa varten. Jos näitä maailmanlaajuisia puitteita ei ymmärretä edes pieniltä osin, on mahdotonta täysin ymmärtää, *mitä* Jumala tahtoo tehdä meissä ja meidän kauttamme ja *miksi*.

Kun keskitymme Jumalaan Luojana, käsitämme vaistonvaraisesti, että hän on kaikkien asioiden lähtökohta ja lähde. Ja kun keskitymme häneen Isänä, ymmärrämme, että hänen maailmanlaajuinen tarkoituksensa kaikkia ihmisiä

Meidän Isämme

varten on vetää kaikki ihmiset yhteen, itsensä luokse, omiksi pojikseen ja tyttärikseen.

Keskittymällä siihen, että Jumala on Luoja, me suuntaamme katseemme taaksepäin alkuun ja näemme, mikä hänen täydellinen tahtonsa maailmaa varten on aina jo ollut. Ja keskittymällä siihen, että hän on Isä, suuntaamme katseemme eteenpäin loppuun ja näemme hänen lopullisen tarkoituksensa luomakuntaa varten.

Toisin sanoen voitaisiin todeta, että ajattelemalla Jumalaa Luojana me pohdiskelemme hänen vastuutaan koko maailmasta ja ajattelemalla häntä Isänä me iloitsemme hänen lunastuksen ja sovituksen leimaamista suhteistaan lastensa kanssa. On selvää, että meidän on tarpeen pitää nämä molemmat näkökulmat aina mielessämme.

Kun nämä näkemykset pidetään tiiviisti yhdessä, voidaan havaita, että Luoja toteuttaa jumalallista vastuutaan pyrkimällä vetämään kaikki ihmiset sukulaisuussuhteeseen Pojan kanssa (jonka kautta hänen isällinen rakkautensa tulee täydellisesti paljastetuksi) ja täyttämällä heidät Hengellä (jossa hänet voidaan ymmärtää Isänä ja jossa me voimme vastata hänelle hänen lapsinaan).

Kristuksessa Luoja valmisti Jumalan kotiin vievän avoimen oven koko maailmalle. Kaikki ihmiset eivät kuitenkaan vielä ole astuneet sisään perheen kotiin nauttimaan heille kuuluvasta suhteesta Isän kanssa.

Kaikesta tästä seuraa se, että aina kun käytämme ilmausta "meidän" Isämme, toteamme samalla epäsuorasti, että on Isän tahto ja tarkoitus, että jokainen luotu mies ja nainen eläisi kiitollisessa evankeliumin kuuliaisuudessa Isän lunastettuna lapsena.

Jumalan "meidän" isyyttämme on helppoa ymmärtää seurakunnan pohjimmiltaan yhteisöllisen luonteen näkökulmasta, jota painotetaan kirjassa *Jumalan kirkkaus seurakunnassa*. Osallisena oleminen maailmanlaajuisesta lunastettujen uskovien joukosta auttaa meitä siirtymään minun Isästäni kohti meidän Isäämme – mutta meidän on

Isän tunteminen

syytä lisäksi tunnistaa myös Jumalan isällinen tarkoitus koko maailmaa varten.

Isän maailma

Edellä havaittiin, että säilytämme meille Isän lapsina kuuluvia oikeuksia tallessa muun maailman puolesta. Lisäksi kiinnitettiin huomiota siihen Uuden testamentin suureen toivoon, että eräänä päivänä sekä pakanoiden että israelilaisten täysi luku tuodaan osaksi Jumalan perhettä. Välähdyksiä näistä totuuksista voidaan havaita kohdissa Room. 11:25-27; 1. Kor. 15:20-28 sekä Ilm. 4:11 ja 5:9-13.

Kun ajatellaan Pojan ja Hengen työtä, on helppoa keskittyä lähes ainoastaan kääntymisen, uudistumisen ja seurakuntaelämän kaltaisiin seikkoihin. On kuitenkin syytä myös muistaa, että Isä, Poika ja Henki ovat kiinnostuneita kaikista luomakunnan osa-alueista, koko maailmankaikkeudesta sen kaikissa aineellisissa ja sosiaalisissa todellisuuksissa.

Johanneksen evankeliumin jae 3:16 julistaa, että Jumala on rakastanut maailmaa, koko *kosmosta*, niin paljon, että antoi ainoan Poikansa sen edestä. Tästä voidaan päätellä, että ehkäpä meidän pitäisi ajatella pelastusta laajemmilla tavoilla kuin nyt teemme.

Kristuksen aikaan mennessä koko maailma oli pahan vallassa – ja tämä vaikutti luodun elämän jokaiseen ulottuvuuteen. Johanneksen evankeliumin jae 12:31 osoittaa, että Kristuksen ylösnousemusvoitolla oli ennen kaikkea tekemistä maailman kanssa. Hänen tuomionsa ei koskenut ainoastaan yksittäisten ihmisten syntejä, se koski myös syntisiä sosiaalisia rakenteita, syntisiä hallituksia ja koko synnin kyllästämää luomakuntaa.

Jeesus ei pelastanut maailmaa tuhoamalla sen – hän loi sen uudelleen ja teki mahdolliseksi sen, että maailmalla voi olla oikeanlainen suhde Isän kanssa. Jeesuksen ylösnousemusruumis ei lakkauttanut aineellista todellisuutta. Isä nosti Jeesuksen fyysisesti kuolleista, mutta Jeesuksen uusi

Meidän Isämme

ruumis täytti täydellisellä tavalla Jumalan suunnitelman koko ihmiskuntaa varten ja siirtyi uudenlaatuiseen elämään ja vapauteen.

Tämä osoittaa, että Jumalan pelastussuunnitelma Kristuksen kautta vakuuttaa maailman – mutta myös samalla asettaa sen uuteen asemaan perustavanlaatuisella tavalla. Tästä voidaan lukea Efesolaiskirjeen jakeessa 1:10.

Uuden luomakunnan ensihedelmä

Ensimmäisen Korinttolaiskirjeen jae 15:45 paljastaa, että ylösnoussut Kristus, viimeinen ihminen, on juuri se, jonka Isä tahtoi koko luomakunnalle antaa. Kristus saavutti Jumalan alkuperäisen ja lopullisen tarkoituksen, jota varten kaikki ihmiset on luotu, ja hän elää täydellisessä suhteessa Isänsä kanssa, veljiensä ja siskojensa kanssa ja koko maailman kaikkien rakenteiden ja resurssien kanssa.

Kun ylösnousseen Kristuksen elämä heijastuu – Hengen ansiosta – hänen kansansa elämässä, seurakunnasta itsestään tulee merkki, ensihedelmä, siitä, että luomakunta on uudistettu ja asetettu uuteen asemaan. Tämä havaitaan 2. Korinttolaiskirjeen jakeessa 4:6, ja sitä tarkastellaan laajemmin kirjassa *Jumalan kirkkaus seurakunnassa*.

Kun siis Henki uudistaa seurakunnan Kristuksen kaltaisuuteen, seurakunnan elämän merkitys maailmalle kasvaa huomattavasti. Roomalaiskirjeen jakeet 8:22–23 tekevät selväksi, kuinka tärkeä asia uudistettu seurakunta on koko luomakunnalle – sillä Isän maailma huokaa ja vaikeroi synnytystuskissa siihen saakka, kunnes Jumalan lapset alkavat ottaa oman paikkansa.

Profeetallinen ilmoitus Jumalan viisaudesta

Efesolaiskirjeen jakeissa 3:10–11 todetaan, että Jumalan tarkoitus nykyhetkeä varten on, että seurakunta tekisi hänen viisautensa tunnetuksi "henkivalloille ja voimille" – kuten oli hänen ikiaikainen suunnitelmansa, jonka hän toteutti Kristuksessa.

Isän tunteminen

Kreikan kielen sana *exousia* on joskus käännetty sanalla "voimat" ja toisinaan taas sanalla "vallat". Raamattu opettaa, että nämä *exousia*-voimat:

◆ olivat Jumalan luomia – Kol. 1:16

◆ hallitsevat tottelemattomia ihmisiä – Ef. 2:2

◆ pitävät ihmisiä demonisessa palveluksessa – Kol. 2:20 ja Gal. 4:3

◆ pyrkivät erottamaan meidät Jumalan rakkaudesta – Room. 8:38

◆ ristiinnaulitsivat kirkkauden Herran – 1. Kor. 2:6–8

◆ voitettiin ristillä – Kol. 2:15.

Näistä jakeista voidaan päätellä, että Paavalin sanat "henkivallat ja voimat" viittaavat demonisiin valtoihin, jotka vaikuttavat kaikkiin maailman rakenteiseen ja alistavat ja hallitsevat niitä. On kuitenkin syytä huomioida, ettei sanalla *exousia* aina Uudessa testamentissa viitata demonisiin valtoihin: esimerkiksi Roomalaiskirjeen jakeessa 13:1 puhutaan selvästi inhimillisistä valloista eikä siis niiden taustalla vaikuttavista "voimista".

Monet seurakuntien johtajat uskovat, että maailmassa on useita eri uskonnollisia voimia, älyllisiä voimia, moraalisia voimia ja poliittisia voimia. Seurakuntaa ei ole tarkoitettu olemaan sidottu mihinkään näistä voimista/rakennelmista/arvovalloista, sillä Kristus on riistänyt niiltä niiden voiman. Seurakunnan on sitä vastoin tarkoitus paljastaa Jumalan viisautta niille ja osoittaa niille, kuinka ne voivat tulla Hengen uudistamiksi ja uudelleen asettamiksi uuden luomakunnan moniin eriin rakenteisiin.

Tämä tarkoittaa, että seurakunta – "meidän" Isämme kansa – on tarkoitettu olemaan ensihedelmä, malli, senkaltaisesta uuden luomakunnan ihmiskunnasta, jossa esimerkiksi kansojen väliset, taloudelliset, sukupuolten väliset ja poliittiset eroavaisuudet on voitettu ja jätetty taakse. Tämä seurakunnan

Meidän Isämme

profeetallinen rooli on äärettömän tärkeä koko maailman kannalta. Joiltain uskovilta se jää huomaamatta, koska he hylkäävät maailman ja jättävät sen edelleen yhteiskunnan demonisten voimien vangiksi. Toisilta se taas jää huomaamatta siksi, koska he eivät ymmärrä Isän sydäntä ja suunnitelmaa koko luomakuntaa varten.

Meidän tulee kuitenkin olla niitä, jotka vakuuttavat maailman, jotka ovat tietoisia demonisista voimista ja jotka profeetallisesti paljastavat Jumalan valtavan viisauden *kaikelle* luomakunnalle.

Yksittäiset uskovat ja yksittäiset seurakunnat osoittavat suhtautumistaan Jumalaan "meidän" Isänämme kahdella eri tavalla. Ensinnäkin olemalla juurtuneita omaan henkilökohtaiseen suhteeseensa Isän kanssa *ja* toisekseen ilmaisemalla itseään käytännönläheisellä tavalla, joka profeetallisesti haastaa niitä yhteiskunnan alistavia rakenteita, joiden keskellä he elävät.

Kun paikallisseurakunnat lakkaavat asettamasta arvoa niille sosiologisille eroille, jotka erottelevat rikkaat köyhistä, koulutetut ei-koulutetuista, vanhat nuorista, mustat valkoisista jne., niistä tulee huomion arvoinen merkki Luojan uudesta luomuksesta ja Isän perheen elämästä heitä ympäröivälle huokaavalle maailmalle.

Monet helluntai- ja karismaattiset uskovat keskittyvät demonisten olentojen henkilökohtaiseen ulottuvuuteen ja siten henkien ulosajamiseen yksittäisistä apua tarvitsevista ihmisistä. Meidän tulisi kuitenkin huomioida aivan yhtä lailla myös demonisten *exousia*-voimien sosiologinen ulottuvuus kärsivässä maailmassamme ja etsiä Jumalaa saadaksemme armontäyteisiä merkkejä, jotka riisuvat aseista ja syrjäyttävät myös nuo *exousia*-voimat.

Vain ensihedelmä

Tiedämme, että valtakunta on sekä "nyt" että "ei vielä". Seurakunnalla on vasta valtakunnan ensihedelmä, aivan kuten sillä myös on vasta Hengen ensihedelmä. Sillä kuitenkin on tuo

Isän tunteminen

ensihedelmä – ja sen vuoksi voimmekin olla uskottava merkki valtakunnasta Isän huokaavalle maailmalle. Paikallisseurakunnat voivat esimerkiksi:

- murtaa uskonnollisten sääntöjen ja traditioiden tyrannian ja löytää sellaisia tapoja palvoa, jotka ilahduttavat Henkeä ja ovat samalla kulttuurillisesti merkityksellisiä maailmalle

- rohkaista jäseniään olemaan suola ja valo Kristukselle toimimalla aktiivisesti niillä kulttuurillisilla paikoilla, joissa he kukakin vaikuttavat, esimerkiksi mediassa ja taiteessa, ajattelussa ja filosofiassa, urheilussa ja vapaa-ajan toiminnoissa, lakipiireissä, talouselämässä, koulutusmaailmassa, politiikassa jne.

- johtaa jäseniään uudenlaiseen seurakuntaperheen elämään, joka on toimivampaa ja vakuuttavampaa ja joka ei koostu pelkästään raamatunvastaisten elintapojen kielteisestä tuomitsemisesta

- kokeilla uudenlaisia yhteisöllisen elämän muotoja, jotka täyttävät yksinelävien, vanhuksien ja apua tarvitsevien ihmisten tarpeita

- olla uranuurtajia sellaisten elintapojen luomisessa, jotka osoittavat solidaarisuutta köyhempien maiden ja oman maansa köyhempien osien veljiä ja sisaria kohtaan

- harjoittaa sellaista taloudellista yhteyttä, joka profeetallisella tavalla puhuttelee mammonan hallitsemaa yhteiskuntaamme

- kohdella muita paikallisseurakuntia nöyrällä ja palvelevalla tavalla, joka vahvistaa evankeliumin sovituksen sanomaa ja osoittaa Kristuksen ruumiin ykseyttä.

Evankeliumin kuuliaisuus kannustaa meitä tähän, mutta kulttuurillisen taustamme ja elämäntapamme demoniset

Meidän Isämme

voimat pyrkivät pitämään meitä entisessä. Monet uskovat kokevat tarvetta saada uudistua henkilökohtaisesti mutta eivät ole lainkaan niin varmoja siitä, mitä heidän tulisi ajatella meidän Isämme maailman ja yhteiskunnan uudistumisen tarpeesta.

Monet uskovat ottavat kuuliaisuuden askelia eteenpäin joissakin asioissa mutta epäröivät, kun heistä voisi tulla paikallisella tai kansallisella tasolla profeetallisia – sen sijaan että he olisivat vain yksilötasolla profeetallisia. Joskus jopa paholainen ohjaa seurakunnan intoa henkilökohtaisen evankelioinnin näennäiseen turvallisuudentunteeseen, sillä hän on kauhuissaan siitä mahdollisuudesta, että jostakin seurakunnasta voisi tulla todellisesti profeetallinen yhteisö, joka sanoo ja tekee asioita, joilla on merkitystä sen ympärillä olevalle huokaavalle maailmalle.

Meidän tulee kuitenkin muistaa, että sekä evankeliointi että kulttuurillinen uudistaminen ovat Jumalan määräämiä tehtäviä. Lähetyskäskyssä on sisäänrakennettu kulttuurillinen käsky haastaa ja lunastaa kulttuuri kokonaisuudessaan. Tämä jatkaa sitä tehtävää, jota varten meidät alun perin luotiin – elää sopusoinnussa luonnollisen maailman kanssa, valjastaen sen tarjoamat resurssit käyttöömme eikä haaskaten niitä, ja kehittää maailmaa sosiaalisesta näkökulmasta katsottuna kohdan 1. Moos. 1:28 mukaisesti.

Nyt kun tämä kirja lähestyy loppuaan, jokaisen on päätettävä, siirtyykö "minun" Isästäni "meidän" Isäämme, jatkaako eteenpäin evankeliumin kuuliaisuudella Isää kohtaan, joka haluaa tehdä meistä profeetallisen merkin Pojan uudistavasta ja uudelleen asettavasta voimasta tälle kärsivälle maailmalle.

Maailman Isä

Efesolaiskirjeen jakeet 3:14–15 paljastavat Isän koko luomakunnan Herrana. Meidät on kutsuttu polvistumaan Isän edessä, jolta koko taivaassa ja maan päällä oleva perhe saa nimensä (vrt. v. 1938 käännös, suom. huom.).

Isän tunteminen

Kreikan kielen sana *patria*, joka kyseisten jakeiden englanninkielisissä käännöksissä on käännetty sanalla "perhe", tarkoittaa paljon muutakin kuin mitä nykyajan ydinperheellä yleensä ymmärretään. Se voi tarkoittaa "heimoa", "sukua", "kansaa" tai "rotua". Se viittaa luodun olemassaolomme todellisiin suhderakenteisiin Jumalan yhteisöllisessä "enemmän kuin yksi"-kuvassa.

Tästä seuraa, että yhteiskunnan jokaisella osa-alueella on todellista tarkoitusta ja merkitystä ainoastaan, jos se toimii yhteydessä Isä Jumalaan. Jokainen yhteiskunnan rakenne – yksilötason rakenne, avioliitto, perhe, heimo, kansa jne. – on Isän luoma, ja jokaisen niiden todellinen tarkoitus ilmenee vain, jos me elämme avioliitoissamme, kodeissamme, kouluissamme, tehtaissamme, seurakunnissamme, klubeillamme, etnisissä joukoissamme, kansoissamme, maailmassa jne. luottamalla Isään ja osoittamalla evankeliumin kuuliaisuutta hänelle.

Sillä on varmastikin merkitystä, että Efesolaiskirjeen jakeen 3:14 toteamus yhteiskunnan suhteesta Isään on johdanto rukoukseen, jossa anotaan hengellistä uudistumista ja herätystä. Vaikuttaa siltä kuin Paavali haluaisi muistuttaa meitä siitä, että vahvistamisemme Hengen voimalla on seikka, joka tulee säilyttää maailman asiayhteydessä – koska vain niin voimme ymmärtää Jumalan rakkauden jokaisen ulottuvuuden koko yhteiskuntaamme varten.

Isän tahto Kristuksessa ulottuu siis kaiken sen uudistamiseen ja uudelleen asettamiseen, minkä hän on tehnyt, luomakunnan muuttamiseen muutetun ihmiskunnan kodiksi ja luotujen elävien olentojen pelastamiseen niitä ohjaavilta demonisilta voimilta.

Aivan kuten ensimmäisten ihmisten lankeaminen merkitsi orjuutta ja turhautumista koko luomakunnalle, samoin viimeisen ihmisen ilmestyminen tarkoittaa vapautusta koko luomakunnalle – sen kaikille elämän muodoille.

Paikallisseurakunnilla on omat eri "Isän kanssa kasvotusten olevat" jäsenensä ja rakenteensa, mutta näistä huolimatta Isän hyvä tahto on, että paikallisseurakuntien

Meidän Isämme

tulisi – pohdiskellessaan Isän rakkautta Hengessä – olla se profeetallinen merkki, joka kohtaa ja haastaa Isän maailman omalla alueellaan ja joka vetää ihmisiä "meidän Isämme" puoleen ja hänen ihmeelliseen perheeseensä.

www.ingramcontent.com/pod-product-compliance
Lightning Source LLC
Chambersburg PA
CBHW031116080526
44587CB00011B/991